$

NATH
FINANÇAS

ORÇAMENTO SEM FALHAS

NATH FINANÇAS

ORÇAMENTO SEM FALHAS

Saia do vermelho e aprenda a poupar com pouco dinheiro

intrínseca

Copyright © 2021 by Nathália Rodrigues

Revisão
Marcela Ramos
Thais Entriel

Design de miolo e de capa
Anderson Junqueira

Ilustrações
Ric Sales | @ric_sales

Fotos da autora
Leo Aversa

CIP-BRASIL. CATALOGAÇÃO NA PUBLICAÇÃO
SINDICATO NACIONAL DOS EDITORES DE LIVROS, RJ
R6140

    Rodrigues, Nathália
    Orçamento sem falhas : saia do vermelho e aprenda a poupar com pouco dinheiro / Nath Finanças ; ilustração Ric Sales. - 1. ed. - Rio de Janeiro : Intrínseca, 2021.
    128 p. : il. ; 21 cm.

    ISBN 978-65-5560-156-5

    1. Finanças pessoais. 2. Educação financeira. 3. Segurança financeira. I. Sales,
    Ric. II. Título.

20-67475   CDD: 332.024
                                    CDU: 330.567.2

    Camila Donis Hartmann - Bibliotecária - CRB-7/6472
    06/11/2020

[2021]
Todos os direitos desta edição reservados à
Editora Intrínseca Ltda.
Rua Marquês de São Vicente, 99/3º andar
22451-041 – Gávea
Rio de Janeiro – RJ
Tel./Fax: (21) 3206-7400
www.intrinseca.com.br

SUMÁRIO

Apresentação **9**

1. Dinheiro e trabalho **13**

2. Nossa relação com o dinheiro **19**

3. Desejos *versus* necessidades **29**

4. Metas financeiras **37**

5. Organização financeira passo a passo **45**

6. Reserva de emergência **53**

7. Pequenas economias do dia a dia **59**

8. Cartão de crédito e cheque especial **71**

9. Dívidas **79**

10. Bancos **87**

11. Investimentos **97**

12. E por fim... **105**

13. Apêndice **109**

APRESENTAÇÃO

É muito marcante vir de um município da Baixada Fluminense, no estado do Rio de Janeiro, e me perceber como uma influência positiva na vida financeira de muita gente que me acompanha aqui na periferia. As pessoas que fazem o que eu faço geralmente não partiram do mesmo lugar que eu. E para tudo na vida existe um ponto de partida. Especialmente para as coisas relacionadas ao dinheiro.

Nossa criação, classe social, as pessoas com quem convivemos e muitos outros fatores importantes fazem a gente se relacionar com o dinheiro de formas diferentes. Todas as pessoas nascem e crescem imersas em um contexto financeiro, seja ele qual for, e isso modela o jeito como percebemos o mundo.

Enquanto tem gente que recebe milhões por herdar a empresa dos pais, existem aqueles que ganham menos de R$ 400,00 por mês para manter a família. A desigualdade social é muito grande no nosso país, e é improvável que pessoas com realidades tão diferentes tenham a mesma mentalidade quando o assunto é dinheiro.

Por isso, não faz sentido tratar todas as pessoas como se tivessem vindo do mesmo lugar ou como se tivessem acesso aos mesmos recursos, sobretudo em relação à vida financeira. Pontos de partida distintos exigem caminhos distintos. Não dá para falar de finanças com pessoas que ganham pouco usando o mesmo discurso que se usa com pessoas de classe média alta, porque o caminho de cada um desses grupos em direção a uma melhora da situação financeira é diferente.

Então, neste livro, vamos bater um papo sobre a nossa relação com o dinheiro sem aquele discurso meritocrático que circula por aí e sem promessas ilusórias de riqueza imediata. Em vez disso, vamos desenvolver uma base de conhecimento que, infelizmente, não aprendemos na escola.

Comecei a entender de finanças na faculdade de administração. Aprendi matemática financeira e estudei sobre investimentos. Meu professor ensinava de uma forma tão legal e didática que eu me apaixonei e comecei a pesquisar mais sobre esses assuntos. Depois fui trabalhar nessa área e passei a compartilhar os conhecimentos recém-adquiridos com pessoas próximas.

Em janeiro de 2019, criei o canal Nath Finanças. Eu estava incomodada de ver que quem dominava os discursos sobre dinheiro e economia nas redes sociais era o pessoal que já tem grana. Eles acabam falando coisas impossíveis de aplicar à realidade das pessoas que ganham menos e que não têm tanto dinheiro sobrando.

Eu queria mudar isso: fiz um planejamento todo focado em um público-alvo diferente e busquei criar um conteúdo que pudesse resolver questões específicas das classes mais baixas. Eu tinha aprendido a me organizar financeiramente e queria ajudar outras pessoas a fazerem o mesmo. Estagiários, bolsistas e trabalhadores em geral que, muitas vezes, passam aperto na hora de pagar as contas; meu objetivo era alcançar essas pessoas. Queria falar com elas de uma forma fácil e didática, mostrando a importância dos conhecimentos financeiros.

E esse é o público-alvo deste livro. Se você quer aprender conceitos básicos de finanças de um jeito fácil, prático e divertido, se ganha pouco e quer saber como juntar dinheiro mesmo assim, se quer dicas para economizar no dia a dia, é com você que desejo conversar.

Aqui vamos falar da história do dinheiro e do trabalho, de como as emoções têm forte influência na forma como lidamos com nossas finanças e aprender a diferenciar necessidade de desejos. Você vai descobrir como começar a fazer pequenas economias que têm grande impacto no seu bolso, vai aprender a organizar suas finanças passo a passo, a definir metas financeiras e começar sua reserva de emergência. Também vai entender melhor como funcionam os bancos e as nossas contas-correntes, o que significam cartão de crédito e cheque especial, e enfim se organizar para se livrar das dívidas e começar seu caminho rumo aos investimentos!

A educação financeira tem o poder de mudar vidas. O acesso à informação desenvolve senso crítico e transforma realidades. E é dessa informação que precisamos para não cairmos em armadilhas de tarifas, taxas, juros prejudiciais e instituições que se aproveitam do nosso desconhecimento para pegar nosso dinheiro.

A educação financeira é também uma forma de liberdade. Entender como funciona a lógica do dinheiro mudou o jeito como eu penso e me comporto. Hoje, eu e minha família temos uma situação financeira mais confortável. Embora cada um tenha um ponto de partida diferente, acredito que posso falar para todos e sobretudo para quem é da classe mais baixa e quer melhorar a própria situação financeira: nunca desista. Comece. Eu só peço que me permita estar ao seu lado nesse começo, e faço um convite para que siga comigo pelas próximas páginas.

> **Espero que você goste do conteúdo do livro, que foi feito com muito carinho e amor! <3**

Olá. Que pizza daí você indica pra um sujeito que teve um dia ridículo no trabalho?

1. DINHEIRO E TRABALHO

TEMPO É DINHEIRO?

Eu costumava acordar às cinco da manhã para pegar o trem em Nova Iguaçu, na Baixada Fluminense, até o centro do Rio, onde eu trabalhava. Duas horas e meia de ida, duas horas e meia de volta. Cinco horas no transporte para chegar e voltar da empresa, onde eu cumpria as seis horas da jornada diária. Meu salário era condizente com as seis horas, não com as onze totais. No entanto, fico pensando: se eu gastava tempo a caminho do trabalho, esse tempo não era meu. Eu tinha dado esse tempo ao meu patrão, assim como dava as seis horas do expediente. Então, de certa forma, essas cinco horas no trem eram tempo de trabalho não remunerado.

No fim das contas, eu estava abrindo mão dessas cinco horas do meu dia? De certa forma, sim. Não é fácil conseguir um trabalho com um salário condizente com todas as horas que dedicamos a ele, seja no próprio escritório, ou no deslocamento. Por isso, eu aceitava empregos em locais consideravelmente distantes da minha casa. Moro na periferia, mas é no centro das metrópoles que estão as grandes e médias empresas. Um estudo do Instituto de Pesquisa Econômica Aplicada (IPEA) de 2019 revelou que em todo o país é comum haver poucas oportunidades de trabalho nas periferias das cidades brasileiras. Ou seja, tem gente que não tem muita escolha quando precisa de dinheiro para sair de uma determinada realidade.

E sabe o que eu percebo? Que quem mora na periferia, como eu, tem que abrir mão de muita coisa para conseguir uma situação financeira confortável. Se fôssemos exigir uma remuneração justa, aí mesmo é que não conseguiríamos emprego nenhum. Sobretudo num contexto em que muitos empresários não querem nem mesmo pagar a passagem de quem mora longe. Você já ficou com medo de contar onde mora e perder a oportunidade de trabalho? Ou de dizer quantas conduções precisa pegar para chegar lá? Ou quanto tempo leva da sua casa até a empresa? Eu também.

Hoje em dia, quando penso em trabalho e em dinheiro, não consigo deixar de pensar também no tempo. Eu não costumava ter esse ponto de vista. Cresci entendendo o trabalho e o dinheiro de uma forma confusa, conflituosa, sem ver o que existe por trás das cortinas. Mas os estudos me fizeram encarar as coisas de outro jeito, e ter uma nova visão sobre o mundo afeta a nossa relação com ele. Principalmente, quando se trata do mundo financeiro.

Se você trabalha na sede de uma empresa, já pensou no tempo total que gasta com o trabalho, tanto no escritório quanto indo e voltando? Já comparou a remuneração de diversos cargos e o que influencia essa diferença? No valor que seu trabalho acaba gerando para a empresa em questão? Se você é autônomo, já considerou as horas que dedica para receber um valor específico? Já colocou na conta do preço final do seu produto o tempo de trabalho, seu esforço e o talento que só você tem? Se tem uma dívida, você conta quanto tempo vai levar e tudo de que vai precisar abrir mão para quitá-la?

Não é novidade pensar que garantimos nossa sobrevivência dedicando um tempo de nossa vida e usando nossa força e nosso talento a alguma atividade em troca de dinheiro. Economistas, cientistas sociais, historiadores e demais intelectuais se dedicam a esse tema há séculos, e você pode conhecer alguns desses trabalhos nas referências ao final do livro. Escolhi começar nossa jornada por essa reflexão porque a essência de tudo que vou abordar é dinheiro. E, para falar de dinheiro, precisamos falar de trabalho.

A HISTÓRIA DO DINHEIRO

O trabalho é tão antigo quanto a vida humana. Caça, colheita, pesca e até a fabricação dos instrumentos para essas atividades que garantiram nossa sobrevivência na Pré-História são trabalho. Conforme os clãs aumentavam e os seres humanos foram trocando a vida nômade de caça e coleta por moradias mais ou menos fixas, com o desenvolvimento da agricultura, a relação com o trabalho também foi mudando. As ferramentas para esses trabalhos também foram ficando cada vez mais complexas e elaboradas, e, aos poucos, novas atividades foram surgindo.

E em algum momento apareceu o dinheiro.

Não sabemos exatamente qual é a origem dele. Não existem documentos específicos ou dados concretos que registrem o momento. Mesmo assim, os historiadores levantam algumas hipóteses. A suposição mais convencional é de que ele surgiu para favorecer as relações de troca. Antes de o comércio se estabelecer como a principal fonte de recursos, as pessoas produziam seus próprios bens. Se alguém quisesse outras coisas além das que tinha em suas terras ou das que sabia fabricar, as trocas, na maioria das vezes, eram a solução. Um sapato por duas garrafas de bebida, um tanto de farinha por um tanto de mel, e por aí vai.

Provavelmente em determinado momento surgiu um impasse. Um sujeito que criava bois precisava de um pouco de azeite. Um boi é um animal que demora a crescer, que precisa de alimentos para se desenvolver. Um boi inteiro vale mais do que um pouco de azeite de oliva. Mas não faz sentido cortar um pedaço do boi vivo para realizar essa troca. Acredita-se, então, que o "dinheiro" tenha surgido a partir desses problemas, como um suporte físico para medir valores, justamente porque ele facilita essas equivalências.

Além disso, vamos supor que um produtor de ovos quisesse trocar seu excedente por roupas para ele e para a família. Ele tinha a difícil missão de encontrar um alfaiate que estivesse precisando de ovos a tempo de esses alimentos não apodrecerem. No entanto, quando esse "dinheiro" entra em jogo, o sujeito dos ovos deixa de depender de alguém que ofereça exatamente as roupas que ele quer. Ele pode negociar com qualquer um que tenha "dinheiro" também. O dinheiro nessa época eram pequenos objetos não perecíveis (metais, conchas, cereais, sal etc.) que representavam o valor das coisas. Nesse exemplo, o mesmo valor daqueles ovos.

O Estado teve um papel muito importante na consolidação do dinheiro. Num tempo ainda mais antigo que o desenvolvimento do comércio como a gente conhece, antes ainda de Cristo, os governantes já cobravam tributos e recolhiam impostos da população. Alguns documentos históricos registram o pagamento de multas por meio de objetos de metal. No decorrer da história da humanidade, o Estado foi se desenvolvendo como quem tinha poder de emitir as moedas e de atribuir valor a elas.

À medida que essa troca de produtos por "dinheiro" foi ficando mais comum, as pessoas começaram a criar galinhas, plantar trigo, batatas, produzir roupas e outras coisas já pensando nessa transação específica. Em vez de produzir para consumo próprio — e caso sobrasse uma dúzia de ovos, um saco de farinha — e efetuar uma troca por alguma outra coisa, o objetivo da produção passou a ser o excedente. Os produtores começaram a criar centenas de galinhas que iam gerar milhares de ovos e que depois seriam trocados por dinheiro. Ou seja, vendidos.

Com o fim da Idade Média, por volta de 1450, esse sistema estava praticamente estabelecido em toda a Europa. Quase não existiam mais trocas e a produção de excedente era o objetivo. O nome desse sistema é capitalismo, e é segundo as regras dele que vivemos até hoje.

Só que a pessoa que antes produzia uma dúzia de ovos para o consumo dela e da família e passou a produzir centenas ou milhares para vender já não conseguia mais trabalhar sozinha. Precisava que outras pessoas trabalhassem para ela. E como pagar esses trabalhadores? Com dinheiro.

Ou seja, o trabalho passou a ser ele próprio uma mercadoria, uma vez que era vendido pelo trabalhador e comprado pelo patrão, com a troca sendo realizada por meio do dinheiro. É assim até hoje. Se você trabalha em uma empresa em troca de um salário, isso significa que está vendendo para o patrão sua força de trabalho, seu talento e seu tempo por um tanto de dinheiro.

Atualmente, temos leis que regulamentam o trabalho. Algumas delas estabelecem um salário mínimo, por exemplo, como o que temos no Brasil e em vários outros países. Além disso, o dinheiro hoje é fabricado em quantidade muito maior do que antigamente. Os Estados têm suas Casas da Moeda e não usam mais apenas o metal, como também o papel. Na verdade, saldo de contas bancárias, cartões de débito e de crédito, investimentos, empréstimos, financiamentos, tudo isso é dinheiro em diversas formas. Ele não precisa mais ser físico e palpável para sabermos que está entre nós. Os avanços tecnológicos dos últimos anos possibilitaram a existência do dinheiro na forma de quadradinhos de plástico e até como pixels numa tela de celular.

O dinheiro hoje é tão presente em nosso cotidiano que, às vezes, parece que existimos só por ele e para ele. Só que muitas vezes nos deparamos com a grande contradição de não saber lidar com ele, apesar de ser algo tão recorrente na nossa vida. Mas não é nossa culpa. E é sobre isso que vou falar no próximo capítulo.

2. NOSSA RELAÇÃO COM O DINHEIRO

OS PRIMEIROS APRENDIZADOS

Você conversa com frequência sobre dinheiro com sua família? Quando você era criança, alguém falou com você sobre as despesas da casa, quanto custavam as compras do mês, a conta de energia elétrica...?

Provavelmente, sua resposta foi "não". Assim como você, eu não conversava sobre os boletos da casa. Às vezes, nossos pais não querem compartilhar com a gente a dor de cabeça que é a dificuldade para fechar as contas. Mesmo assim, as crianças sentem o climão no final do mês. Você já viu seus pais ou as pessoas mais velhas da sua família discutindo sobre dinheiro e se perguntando o que cada um comprou aqui e ali durante o mês? Como é que vão fazer para pagar tudo? Provavelmente, sua resposta foi "sim".

E se foi "não", saiba: aperto no final do mês para pagar as contas é a realidade de milhões de brasileiros.

Então, depois de passar a infância sem nem saber o que significa uma conta bancária, qual é a real diferença entre conta-corrente e poupança, chega nossa vez de abrir

25º SORTEIO DO BOLETO PREMIADO
A regra é clara: somente um boleto poderá ser pago este mês!
BOLETO

uma conta no banco e ganhar dinheiro. E nos deparamos com a dificuldade até mesmo de entender certos termos financeiros para usar essa conta, e com isso fica difícil fugir de complicações.

Comigo foi assim. Não consigo deixar de pensar que, se eu tivesse aprendido sobre finanças antes, não teria me enrolado com meus primeiros salários e talvez tivesse me organizado para que eles fossem direto para os boletos. Além disso, teria economizado dinheiro em tarifas desnecessárias e economizado também muito tempo em algumas situações.

No meu primeiro emprego (em que eu ganhava R$ 500,00, trabalhava sábado e domingo e ainda chegava em casa às dez da noite), fui "obrigada" a abrir uma conta-corrente em um banco que a empresa escolheu para mim (se identificou?). Demorei duas horas para abrir a conta, cara... Fiquei com tanta raiva! Como eu ainda era menor de idade, minha mãe foi comigo e ficamos tanto tempo lá que deu a hora do almoço e tivemos que esperar os funcionários do banco voltarem.

Isso foi em 2015. Eu ainda não sabia da existência dos bancos digitais, que não têm filas e outros problemas de agências físicas. Para piorar, abri uma conta com tarifas, e pagava para o banco R$ 40,00 por mês dos R$ 500,00 que eu recebia! E só não me deram um cartão de crédito porque eu era menor de idade.

Saí de lá com fome e estressada, mas ao mesmo tempo feliz, afinal eu tinha um emprego, né? Um salário de R$ 500,00 para quem estava revendendo revista e ganhava menos que isso estava excelente!

Por essa história, dá para perceber como nossa relação com o dinheiro durante nosso crescimento afeta nossa vida quando ficamos mais velhos. Se eu tivesse tido acesso à informação e educação financeira desde cedo, não aceitaria abrir conta em um banco que não tinha eficiência para realizar procedimentos simples, como abrir uma conta. Eu saberia o que significava cheque especial, cartão de crédito, e com certeza não pagaria tarifas bancárias. (Se você está tão confuso quanto eu estava naquele dia em 2015, não se preocupe. Vou falar sobre tudo isso ao longo do livro.)

Enfim, o modo como a família trata o dinheiro influencia a vida financeira das crianças, porque é dos nossos pais, avós, tios, irmãos mais velhos, primos, ou seja, das pessoas com quem a gente convive, que tiramos os aprendizados primários. Só que a educação financeira é uma realidade distante da maioria das pessoas. Quer dizer, muito provavelmente seus pais, avós, assim como os meus, não tiveram acesso a essas valiosas informações.

No fim das contas, o que assimilamos em casa é a relação conturbada que nossos familiares geralmente têm com dinheiro: dificuldades de organização, dívidas, estresse com bancos, brigas... É tanto climão em volta do assunto "dinheiro" que ele acaba se tornando um verdadeiro tabu.

Mas isso não significa que a geração que nos criou é culpada pelos nossos problemas financeiros. Não dá para pensar de modo individualista sobre isso, sem considerar os contextos. Por exemplo, poucos anos atrás, um pouco antes de eu nascer, na década de 1980, o Brasil viveu um período de hiperinflação. As pessoas compravam produtos com um senso de urgência, porque no dia seguinte os preços já podiam aumentar. Na verdade, às vezes corriam para comprar de manhã, porque de tarde o produto poderia estar mais caro. Então a consciência de guardar dinheiro é muito recente, principalmente para pessoas pobres. Portanto, uma série de fatores é responsável pela relação ruim com o dinheiro que muitas famílias passam adiante para as crianças. O que gera uma porção de consequências, é claro.

O PODER DO NÃO

Essas experiências negativas estão por trás, por exemplo, da nossa vergonha em dizer "não" quando aquele amigo nos chama para sair, mas não temos dinheiro.

> **Sabe aquele amigo que sempre tem uma grana e que quando você fala "tô sem dinheiro" ele responde "eu também, tenho só R$ 30,00"? AMADO? Eu não tenho DINHEIRO NENHUM.**

Um dos maiores erros que cometemos é ficarmos desconfortáveis de dizer "não". Para seguir em frente depois de ter dito "sim", acabamos usando coisas como cartão de crédito e cheque especial, que na verdade representam um dinheiro que não é nosso. Cartão de crédito e cheque especial são um dinheiro que pegamos emprestado do banco. Fazer uso disso acaba prejudicando nossa vida financeira aos poucos. Às vezes, chegamos ao ponto de ter medo de abrir o extrato da conta bancária e a fatura do cartão de crédito, para não ver esses gastos. Evitamos a todo custo encarar a realidade. (Esse é um grande erro. Vamos conversar sobre isso.)

Uma situação em que é muito comum as pessoas dizerem "sim" só para evitar um desconforto imediato é quando aquele atendente supereducado oferece um cartão da loja. Muitas vezes, você nem precisa do cartão, que na verdade vai acabar sendo um inconveniente para suas economias, mas mesmo assim sente obrigação de aceitar. Parece que você não tem saída. Mas você tem. É preciso aprender a dizer "Não, obrigada", com um belo sorriso.

CUIDADO COM AS ARMADILHAS!

No nosso dia a dia existem muitas dessas armadilhas que nos deixam às vezes com vergonha, desconfortáveis, e nos obrigam a consumir. Além dessas situações de funcionários de lojas oferecendo cartões, podemos ver outras, como nos supermercados, quando embalam junto com o produto que precisamos comprar outro que não queremos, aumentando o valor final.

Às vezes ficamos constrangidos porque não estamos na moda. As lojas já lançam diversas coleções de roupas pensando nisso. Tem loja que troca de vitrine toda semana. Querem convencer os clientes de que eles precisam ter a roupa do momento, mesmo que uma blusa ou uma calça quase sempre durem mais de um ano.

A pressão social para o consumo pode ter efeitos graves, como:

• prejudicar a autoestima de quem ganha pouco;
• estimular comportamentos compulsivos em relação a compras;
• levar pessoas a se endividarem para manter um estilo de vida que não cabe no bolso.

Existe uma ideia difusa de que o sucesso significa poder de consumo, e essa lógica faz a gente acreditar que, se não tivermos determinados produtos ou não usarmos certos serviços, somos fracassados. De certa forma, o consumo é um meio de nos relacionarmos socialmente, e são muitas as pessoas que cedem a essa pressão. Logo, podemos perceber que a educação financeira surge para muita gente como um meio de libertação.

A IMPORTÂNCIA DA EDUCAÇÃO FINANCEIRA NO NOSSO DIA A DIA

Ter educação financeira desde cedo pode mudar nossa vida para melhor. O conhecimento nos ajuda a desenvolver o hábito de anotar os gastos e a entender sobre juros, tarifas, taxas, investimentos e sobre o mercado financeiro em geral. Evita a sensação incômoda de não entender nada quando falam no *Jornal Nacional* sobre taxa Selic, IPCA e bolsa de valores. (E pode deixar que vou esclarecer esses conceitos no final do livro!)

Além disso, entender como funciona a lógica do dinheiro evita outra consequência, que afeta sobretudo os trabalhadores autônomos: não saber dar um preço justo para o próprio trabalho. Se você é autônomo, já deve ter sentido aquele medo de cobrar um valor alto demais e acabar perdendo o cliente, ou a dúvida de quanto realmente vale sua hora de trabalho, seu esforço, seu talento.

Conversar sobre dinheiro sem climão é fundamental, já que a educação financeira pode transformar nossa vida. Transformou a minha.

Minha forma de consumir e de pensar mudou desde que tive contato com a educação financeira. Eu era uma pessoa que, mesmo tendo boletos para pagar, comprava blusinhas e sapatos sem necessidade. Às vezes comprava uma roupa para usar em algum evento específico, e, depois dessa única vez, ela ficava parada no armário. Quando mudei minha forma de me relacionar com os produtos, parei de gastar dinheiro à toa. Agora, sempre que penso em comprar uma blusinha, faço alguns questionamentos: 1) Onde vou usar? 2) Posso encontrar por um preço menor?

Hoje em dia, quase sempre compro roupas que eu possa usar em diversas ocasiões, não apenas em um evento específico. Então, busco peças que, ao mesmo tempo, fiquem bem para uma festa, um encontro, uma reunião, ao serem combinadas com outras, com um acessório... Ao comprar, penso até como vou poder usar a roupa quando ela estiver velhinha.

Como falei, as lojas de roupas trabalham com coleções. Peças de coleções antigas costumam ser mais baratas do que as recém-lançadas. Ficar de olho nisso é um exemplo de como gastar menos.

Essas perguntas servem tanto para roupas como para outros produtos. Comprar objetos mais fáceis de reutilizar e prestar atenção em como funcionam as variações de preço para a mercadoria que você deseja são dicas que eu gostaria de dar para a Nath do passado.

Se soubesse tudo que sei hoje em dia, a Nath de anos atrás saberia que não precisava de determinados itens, que ela poderia guardar o dinheiro em vez de gastar desnecessariamente, e hoje eu teria uma situação financeira mais confortável. Então, se você quer que seu "eu" do futuro tenha uma relação melhor com o dinheiro, comece a mudar hoje. Agora mesmo, no momento em que está lendo este livro. Uma pergunta fundamental para começar é:

O que você quer fazer com seu dinheiro daqui a dois, cinco, dez anos?

Por exemplo, pode ser que daqui a dois anos você queira quitar uma dívida, ou que planeje terminar de pagar o carro daqui a cinco anos, ou pode ter em mente comprar uma casa daqui a dez anos. O que *você* quer?

Não é só para pensar sobre isso, é para responder. Para ter uma ideia concreta.

O que eu quero fazer com meu dinheiro daqui a dois anos?

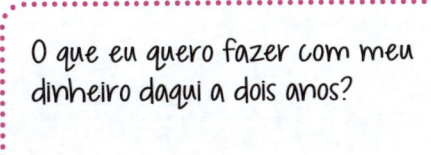

O que eu quero fazer com meu dinheiro daqui a cinco anos?

O que eu quero fazer com meu dinheiro daqui a dez anos?

Ter isso em mente é um passo importante para você começar a cuidar do seu "eu" do futuro e evoluir sua relação com o dinheiro.

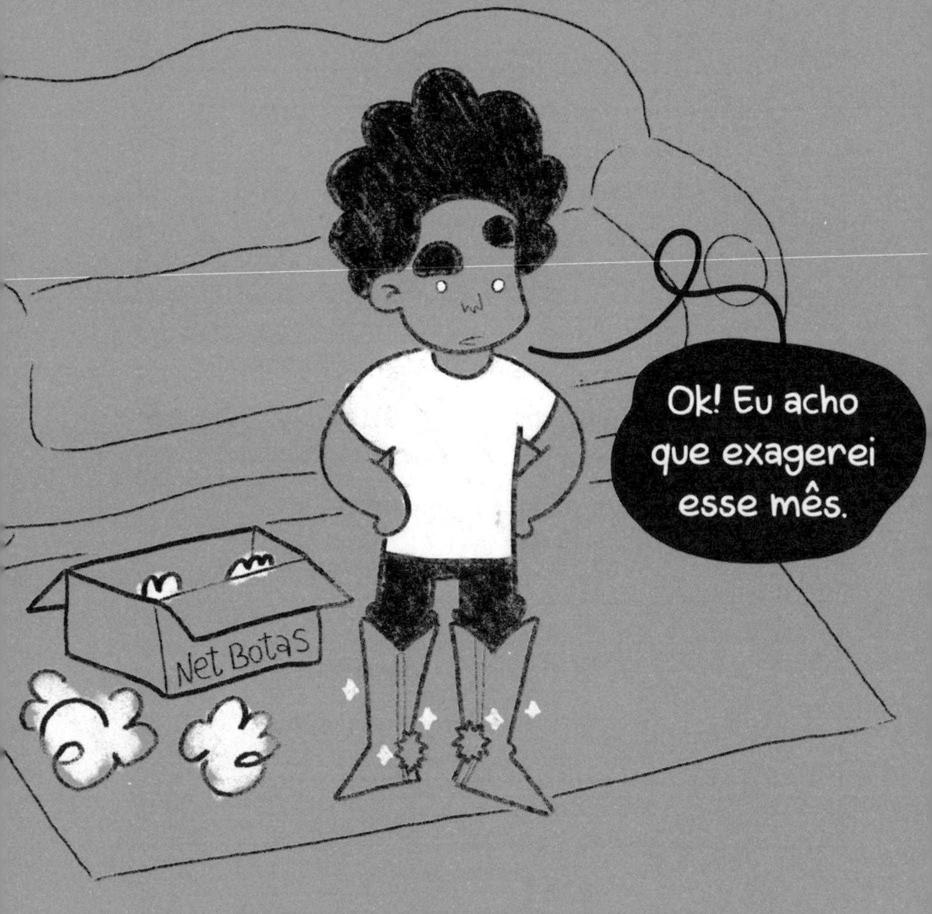
Net Botas
Ok! Eu acho que exagerei esse mês.

3.
DESEJOS *VERSUS* NECESSIDADES

NOSSAS EMOÇÕES E O CONSUMO

A educação financeira (ou a falta dela) acaba afetando nosso comportamento. No capítulo anterior, falei como o consumo se tornou um meio de as pessoas se relacionarem umas com as outras. Mas é possível ir além e dizer que o consumo também afeta a forma como as pessoas lidam com os próprios sentimentos. É comum aplacarmos nossas emoções comprando alguma coisa ou usufruindo de alguns serviços.

A emoção fala mais alto do que a razão em muitos momentos da vida. Quando estamos estressados com trabalho e descontamos nossa raiva nas pessoas com quem convivemos, quando estamos carentes e acabamos mandando mensagem para aquele crush que a gente sabe que não vale nada... Só que às vezes descontamos nossas emoções no consumo, e o resultado pode vir na forma de gastos desnecessários que afetam negativamente nossa vida financeira.

O chocolate que você se dá de presente ao final de um dia ruim e cansativo, a cerveja com os amigos para comemorar alguma conquista, uma blusinha, uma panela, um xampu que você compra para preencher um vazio momentâneo, tudo isso tem algo em comum: parece necessidade, mas na verdade é desejo.

Entre desejos e necessidades, é preciso saber o que é prioridade, mas no calor de alguma emoção fica difícil distinguir. Se estamos superfelizes ou supertristes, tendemos a cair na armadilha do "eu mereço" ou qualquer outra desculpa ilusória. Pode até ser que você mereça, mas só merecer não faz com que aquela compra impulsiva deixe de ser um desejo e se transforme em uma necessidade.

Antes de atacarmos a questão do que é desejo e do que é necessidade, vamos ao grande problema, que é não termos o hábito de contar esses "pequenos" gastos. Sim, esses mimos devem ser anotados. Não são apenas as contas fixas da casa e o celular que devemos levar em consideração, sabe? Tudo entra na conta.

Nos próximos capítulos vou ajudar você a somar tudo direitinho!

Outro exemplo é quando recebemos um pagamento. O dinheiro caindo na conta traz uma euforia tão grande que geralmente gastamos boa parte dele com coisas não essenciais, mas que desejamos, às vezes há muito tempo.

NECESSIDADE DE PERTENCIMENTO

Desejos de consumo podem ter significados grandes e que ultrapassam a esfera individual, já que, na sociedade em que vivemos, o poder de compra está diretamente relacionado ao nosso status. Para uma pessoa da classe baixa, que mora na periferia, uma roupa ou um sapato de marca ou um iPhone podem mudar a forma como ela é vista em espaços mais elitizados, ou seja, "de gente rica" (alguns tipos de eventos, entrevista de emprego, um curso em que há poucos bolsistas etc.).

Se você cresceu sem ter acesso a esses produtos, talvez considere prioritário comprá-los quando tiver a chance. É essa dinâmica social, essa busca por ser bem-visto para tentar pertencer a certos grupos, que também cria desejos disfarçados de necessidades.

Já vi pessoas que andavam com roupas de marca, mas que em casa trocavam a carne por ovo. Isso é quase um paradoxo: muita gente quer aparentar ter mais dinheiro do que realmente tem para se sentir melhor, mas para isso acaba consumindo em excesso e se endividando, e essa vida financeira abalada faz com que se sinta mal. Tanto a saúde financeira quanto a emocional terminam indo por água a baixo. Isso acontece com pessoas que ganham pouco, mas também com quem ganha mais. Na nossa sociedade, pessoas de várias classes perseguem sem refletir esse desejo de viver um nível acima (às vezes até mais) do que seus recursos permitem.

Quando consumimos com base nas emoções, é muito importante compreender *o que* estamos querendo preencher. Se deixarmos o consumo virar uma forma de lidarmos com nossos sentimentos, vamos prejudicar nossa mente e nosso bolso.

Por isso, temos que aprender a diferenciar necessidades de desejos.

EU PRECISO OU EU QUERO?

A gente não nasce sabendo essa diferença, nem é algo que seja ensinado nas escolas. Mais importante: algumas grandes empresas não querem que você tenha essa consciência. O objetivo principal da maior parte das propagandas é dizer que todos os produtos que eles oferecem são uma necessidade. Para isso, mostram diversas "vantagens": como aquele produto vai fazer a vida ser mais prática (descascador de alho que não deixa cheiro nas mãos, mas que quebra depois do primeiro uso), como vai resolver a falta de tempo (panela de arroz elétrica, que acaba demorando o mesmo tempo e ainda aumenta o preço da conta de luz), como vai deixar a pessoa se sentindo mais bonita (cremes, xampus e perfumes que acabamos comprando em grande quantidade e que no fim nem damos conta de usar).

A realidade é que quanto mais gente acha que *precisa* de um hambúrguer de *fast-food*, e não simplesmente de comida do dia a dia, feita com alimentos naturais e amor, mais as lanchonetes lucram. Fabricantes de cosméticos nos fazem acreditar que precisamos de um tipo específico de creme para cada partezinha do corpo, e ainda falam como se outra marca mais em conta não servisse, tem que ser *aquela marca* daquela empresa.

Ou seja, saber a diferença entre necessidade e o desejo que as marcas fingem que é necessidade é fundamental para termos controle da nossa vida financeira, juntar dinheiro e fugir das dívidas.

Quando passei a interpretar e diferenciar o que eu consumia por necessidade e o que era desejo, fiquei muito menos frustrada e consegui organizar melhor minhas finanças. Mudou a minha forma de olhar certos produtos e serviços.

O que é possível fazer, na prática, para entender sua relação com o consumo e organizar suas finanças?

> **Pense no que é realmente necessário e no que é só um desejo temporário.**

1. O primeiro passo é anotar suas receitas e despesas.
Receitas são o que você ganha: salário, pagamentos pelos produtos ou serviços, se você for autônomo, bolsa, auxílio etc. Despesas são as contas, como parcelas de financiamento, aluguel, conta de água, luz, celular, compras dos insumos para seus produtos ou serviços, se você for autônomo, cartão de crédito, mensalidade de curso etc. E, como conversamos, é preciso também anotar os "mimos", como manicure, chocolate, barzinho com os amigos... Então vá lá: escreva num papel tudo o que entra e o que sai. (Falaremos em detalhes dessas categorias no capítulo 5.)

2. Depois de alguns dias anotando, dê uma olhadinha na lista do dinheiro que sai e se faça as seguintes perguntas:
> Ele está sendo gasto em necessidades ou em desejos?
> O produto que você está comprando é o mais barato que não dura muito ou o que é um pouco mais caro mas tem mais qualidade? Claro que essa segunda questão não se aplica a qualquer produto. Roupas de brechó, por exemplo, podem ser de ótima qualidade e ainda assim ter um preço bem baixo. Mas, em geral, muitos produtos de melhor qualidade custam mais.

COMPRAS INTELIGENTES

Todo mundo precisa de celular hoje em dia. No entanto, se você comprou dois celulares nos últimos seis meses, reflita: esse consumo foi fruto de uma necessidade (você trocou de celular porque o antigo parou de funcionar e não tinha conserto) ou de um desejo (você trocou de celular porque queria um modelo mais novo)?

Além disso, quando você compra, escolhe o modelo pela qualidade ou apenas pelo preço?

É muito importante entender sobre a qualidade dos produtos. Antes, eu comprava diversas blusinhas ou sapatos baratinhos, só que eles não duravam nem dois meses! Buscar a qualidade é — eu sei que vai parecer estranho — também uma forma de economia: se você compra algo melhor que dura mais, pode acabar pagando menos no fim das contas do que se gastar dinheiro toda hora em produtos que não duram nada. Eu entendo: às vezes o preço do produto mais caro é todo o dinheiro que temos, não é uma grana que está sobrando. Mas pense comigo e faça as contas: quanto custaria comprar o mais baratinho de novo e de novo e de novo, toda vez que estragar. Prefira comprar algo de mais qualidade. Pode até ser um gasto maior na hora, mas, no longo prazo, você economiza a sua grana para comprar outras coisas mais importantes.

Outro exemplo: você precisa comprar um notebook. Entrou numa loja virtual (que geralmente tem preços melhores) e verificou um bem legal, com ótimo preço. Ok, você foi lá e comprou.

Depois de alguns meses, o notebook começou a travar, deu diversos problemas de memória e tal, ficou difícil carregar até o e-mail. Ele precisa ser formatado, trocar memória e sei lá mais o quê. Talvez você contrate alguém para ajudar, talvez tente se virar com dicas da internet. Mas, seja como for, vai precisar gastar dinheiro com peças, programas ou assistência técnica para resolver essa situação.

Agora, se você compra um notebook um pouco mais caro, porém de mais qualidade, com certeza não terá tantos problemas, pelo menos durante alguns bons anos.

Sabe aquela frase "O barato sai caro"? Tenha ela em mente quando for comprar certas coisas.

Para resumir: pense nos gastos do seu dia a dia dentro desse contexto das necessidades, dos desejos e da qualidade dos produtos. A partir disso, você vai ter mais facilidade para cortar despesas desnecessárias.

PRIORIDADES E EQUILÍBRIO

É importante dizer que você não precisa cortar todos os desejos da sua vida. Ao contrário: é fundamental para nossa mente termos aspirações e vontades que vão além da pura sobrevivência. Para algumas pessoas, o desejo de ter uma aparência mais sofisticada é completamente genuíno, às vezes por causa de compromissos profissionais ou até mesmo para aumentar as chances de conseguir um trabalho.

Contudo, é preciso saber quais são suas prioridades e pensar no futuro, para você conseguir alcançar seus objetivos de médio e longo prazo sem se endividar. Vamos falar mais sobre isso no capítulo seguinte.

Mas, antes, queria compartilhar uma coisinha.

Não sei se você sabe, mas fiquei muito conhecida na internet porque um seguidor maravilhoso criou esse meme aqui:

O meme se espalhou e até o Emicida postou nas redes sociais dele, falando da fatura do cartão. Educação financeira não precisar ser algo chato: podemos aprender com memes da internet a nos organizar e ter motivação para economizar.

Eu fiquei feliz porque a brincadeira, de uma forma positiva, motivou muitas pessoas a pensar sobre as necessidades e os desejos na hora de fazer uma compra. Então, quando pensar em gastar sem necessidade, lembre-se deste meme.

Não falhe comigo!

4.
METAS FINANCEIRAS

O FUTURO É AGORA

Às vezes, só focamos no agora, nas despesas do dia a dia. Os boletos do mês, as compras de mercado da semana, o presente de aniversário do seu amigo naquele sábado. Com isso em mente, quase não sobra tempo para pensarmos em nós mesmos e no nosso futuro.

Há pouco tempo, eu ganhava um salário mínimo e ainda ajudava em casa, então não sobrava grana para investir em mim. Nesse contexto, achava difícil pensar no meu próprio dinheiro a um prazo mais longo. No entanto, quando comecei a estudar finanças, fui percebendo que pensar no futuro não só é possível como é preciso.

O que você gostaria de fazer com seu dinheiro daqui a algum tempo? Viajar? Comprar um livro? Mudar de casa? Pagar uma faculdade ou um intercâmbio? Ir para um spa? Como falei no capítulo anterior, está tudo bem ter desejos. O indispensável é saber sempre o que é prioridade. É tudo uma questão de momento: se sua fatura vai vencer daqui a cinco dias, então pagá-la agora é uma necessidade.

Eu vou passar por este mês sem pedir lanches.
Vocês escutarão meu caso de sucesso no podcast da Nath Finanças!
20 minutos depois
EU NÃO AGUENTO MAIS!
Como Deus permite um ser humano sofrer desse jeito?

Enquanto isso, você reserva os desejos menos urgentes para depois.

COLOCANDO IDEIAS NO PAPEL PARA QUE ELAS SAIAM DO PAPEL

Uma boa forma de conciliar seus desejos e necessidades é criar metas financeiras.

Como exemplo, vou dizer como eu passei a organizar — e atingir — minhas metas.

1. O primeiro passo é colocar tudo no papel.
É muito mais fácil visualizarmos alguma coisa se ela estiver num meio físico, não só na nossa cabeça. Escrever suas metas num papel vai materializar aquelas ideias, e o ideal é até prender sua lista de metas na parede do seu quarto ou na sua porta. Botar as metas no papel também tem um aspecto psicológico importante, porque nos motiva. E nós vivemos de motivação, não é mesmo?

Por outro lado, quando estou trabalhando, tento não pensar muito nas contas a pagar, porque isso me desmotiva e até atrapalha minha produtividade. Prefiro manter na cabeça minhas metas. Se você fizer assim, de repente vai perceber que não está mais trabalhando para gastar dois terços do salário no pagamento do aluguel, mas sim para guardar um pouquinho por mês e, no fim do ano, fazer a

> **Transformar seu desejo em uma meta torna mais concreto o caminho que você deve trilhar para alcançar aquilo.**

viagem que tanto espera (ou alcançar outro objetivo muito desejado). É uma mudança de perspectiva animadora!

2. Considere metas realizáveis.
Não adianta ter uma meta que esteja muito além do seu orçamento, porque você pode acabar se frustrando por não conseguir alcançar, sabe? Por exemplo, se você ganha um salário mínimo e quer comprar um celular, um modelo mais popular é um objetivo viável, já um iPhone provavelmente não, pelo menos num primeiro momento.

Então, trace metas sinceras, de acordo com suas possibilidades materiais. Assim você evita o desapontamento se não puder ter o iPhone — propriamente ou o equivalente ao iPhone das viagens ou o iPhone dos apartamentos. Temos que ser realistas.

3. Separe suas metas em pequenos objetivos.
Vamos supor que você queira fazer um intercâmbio. Saber disso e colocar no papel é importante, mas não é tudo, porque mesmo que seja algo dentro das suas possibilidades, ainda é vago. Existem algumas perguntas que você precisa se fazer para se organizar financeiramente em prol da sua meta. Nesse caso: qual é o curso que você quer fazer? Em qual país? Quanto custa a passagem? Vai precisar pagar condução, moradia e alimentação quando estiver estudando lá? Tem a possibilidade de receber uma bolsa de estudos? A que tipo de bolsa você pode concorrer? Ela cobre moradia e alimentação?

Se você quer alguma coisa, é importante pensar não só no todo, mas nas partes, especialmente no custo de cada uma. Quando falamos em metas financeiras, falamos em objetivos quantificados. Sabendo o valor do que você quer, é mais fácil calcular quanto precisa juntar e em quanto tempo.

4. Prepare uma estratégia.

Com sua meta dividida em objetivos menores, você consegue visualizar melhor os valores e pensar em estratégias para juntar aquele dinheiro. Quanto vai poder juntar por mês? Como você vai conseguir economizar?

Por exemplo, pensando em formas de pagamento: talvez exista desconto pagando à vista. Assim, o preço da sua meta já diminui. Se for mais vantajoso parcelar, você precisa se certificar de que, todo mês, vai ter o dinheiro das parcelas.

Talvez seja preciso renunciar a algumas coisas para juntar o dinheiro e alcançar suas metas. Aqui entra de novo a diferenciação entre desejos e necessidades. No capítulo anterior, falei para você anotar seus gastos e depois verificar o que tinha sido uma compra por impulso, mais um desejo do que uma necessidade. Então... para alcançar sua meta você vai precisar abrir mão de alguns desses gastos.

Infelizmente, não podemos comprar ou realizar tudo. Temos que conquistar as coisas aos poucos, e não há nada de errado nisso. Não há nada de errado em dizer "não" para certas coisas pensando em um bem maior. Daqui a dois, cinco ou dez anos você vai agradecer a si mesmo, como eu agradeço à Nath de ontem por ter guardado dinheiro para que a Nath de hoje pudesse ter uma situação financeira mais confortável.

> **"Não vivemos só uma vez, vivemos todos os dias. Morremos só uma vez."**
> **— Dwight Schrute**

Quando você abre mão de alguns gastos agora, é para que, no futuro, não precise mais fazer isso. Muitas vezes, sucumbimos ao impulso de consumir tendo em mente a ideia de que "só se vive uma vez", que precisamos focar no presente. Só que deixar de pensar no futuro é um erro. Não se vive só uma vez, e sim todos os dias!

Outro erro que ilude e desmotiva é nos compararmos com pessoas que, quase sempre, têm realidades diferentes da nossa. Pensar que Fulano já está rico aos 21 anos ou que Sicrano já viajou o mundo todo não nos leva a lugar nenhum. Cada pessoa tem uma realidade, e você deve pensar em como atingir suas metas de acordo com a *sua*, em vez de se basear nas conquistas dos outros.

É PRECISO DAR O PRIMEIRO PASSO

Para atingir suas metas, comece. Muitas vezes, temos medo de começar, justamente porque nossa realidade financeira é pouco favorável. Quando eu ganhava um salário mínimo, pensava que, como era pouco comparado ao custo das minhas metas, nem valia a pena começar a juntar, porque eu não ia conseguir. Eu tinha medo, e o medo me impedia de dar o primeiro passo.

Porém, se a gente não começa a andar, aí mesmo que não dá para sair do lugar. Por menor que seja nosso passo inicial, ele é de extrema importância. Sei que é difícil para quem ganha pouco, sustenta uma família, lida com muitos gastos necessários, mas mesmo que você só consiga guardar R$ 2,00, comece por aí.

Então, é hora de colocar suas metas no papel e começar a se planejar para alcançá-las.

Simplesmente comece! <3

Veja estes exemplos de um planejamento de viagem, um planejamento para comprar uma geladeira e outro para juntar R$ 2.000,00.

PLANEJAMENTO DE VIAGEM
> Para onde?
> Quando? (É alta ou baixa temporada? Isso é importante porque influencia no valor.)
> Quantos dias?
> Quanto quer gastar?
> O hotel oferece café da manhã?
> Planeja comprar pacote com hotel + passagem + seguro viagem?
> Vai dividir a viagem com alguém?
> Se for viagem internacional: qual é a moeda?
> Vai precisar de visto ou passaporte?

Se for parcelar a viagem, é legal pagar tudo antes de viajar.

Se a viagem com passagem + hotel sai por R$ 1.500,00, você pode adicionar R$ 500,00 para alimentação, transporte e lazer. Ou seja, R$ 2.000,00 para a viagem completa.

Se escolher parcelar em 6 vezes, antes de a viagem acontecer, você vai pagar R$ 333,33 por mês.

COMPRAR UMA GELADEIRA NOVA

> Tem como consertar a antiga?
> Quanto custa a geladeira que você quer?
> É frost free? (Importante saber, pois esse modelo é mais caro.)
> Vai parcelar? Em quantas vezes? Tem juros?
> É possível esperar e pagar à vista?

Para quem tem dúvidas sobre o que é frost free: sabe quando chega a hora de limpar a geladeira e você precisa esperar ela descongelar inteira antes? Então, com uma geladeira do tipo frost free não é necessário esse trabalho todo. Isso porque ela tem uma tecnologia avançada que impede a formação de gelo nas paredes do congelador. Ou seja, você não precisa descongelar nunca.

JUNTAR R$ 2.000,00

> Quanto você recebe por mês?
> Quanto pode guardar por mês?
> Que sacrifícios vai precisar fazer?
> É possível vender algo para conseguir o dinheiro mais rápido?
> Em quanto tempo você gostaria de alcançar esse objetivo?

Este caso, mais do que todos, exige um pouco de paciência, sabe? Principalmente para quem está ganhando o seu primeiro salário.

5. ORGANIZAÇÃO FINANCEIRA PASSO A PASSO

COMO SE PLANEJAR

Agora que você já sabe quais são suas prioridades na relação com o dinheiro e já traçou metas, é hora de se aprofundar na organização das suas finanças. Com um bom planejamento, você vai conseguir economizar, parar de gastar dinheiro à toa e realizar seus objetivos.

Vou mostrar algumas coisas que funcionam comigo e que você pode colocar em prática daqui em diante.

Em primeiro lugar, quero frisar que planejamento financeiro não é só planilha ou aplicativo de finanças. Sei que muita gente não gosta desses métodos, não se adapta ou tem dificuldade para mexer em Excel ou no próprio celular. Não adianta insistir em algo que não funciona para você. O planejamento financeiro é um planejamento de vida. Vai muito além de como você faz para anotar gastos e receitas. Se você não curte planilhas ou não quer baixar aplicativos, pode ter um caderninho só para isso ou consultar o extrato da sua conta bancária regularmente.

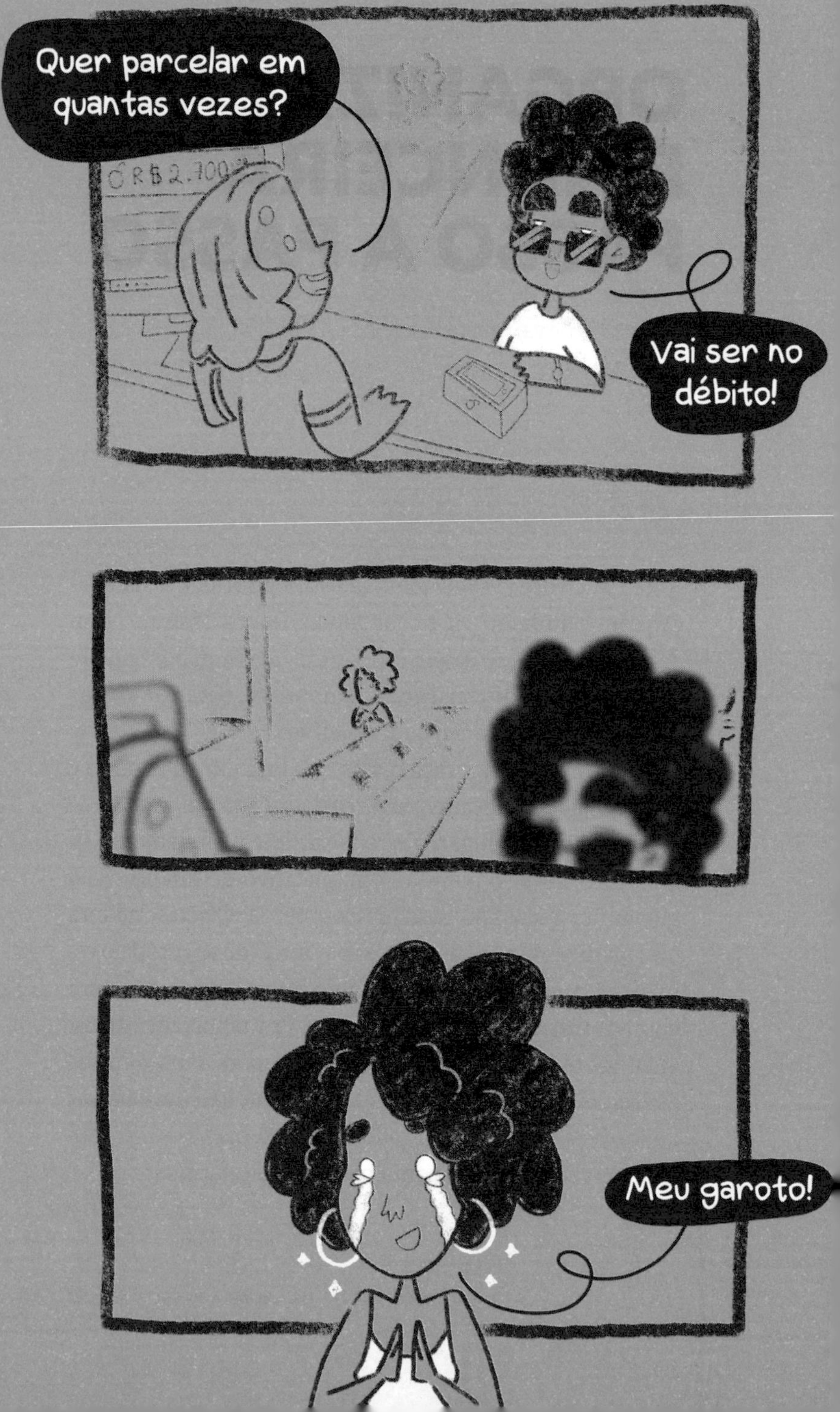
Quer parcelar em quantas vezes?
Vai ser no débito!
Meu garoto!

Além disso, não se trata só de anotar o dinheiro que entra e sai. Planejamento financeiro está relacionado ao hábito de pensar no seu dinheiro de forma estratégica para ter controle sobre ele e, assim, realizar metas e objetivos. Por exemplo, para chegar arrumado no trabalho, você faz uma série de pequenas coisas quase automaticamente: escova os dentes, se veste, amarra os sapatos, passa perfume ou maquiagem etc. Para ter sua vida financeira organizada, você também precisa realizar pequenas atividades que, de tanto repetir, mais cedo ou mais tarde vai reparar que se tornam hábitos.

Nesse sentido, o primeiro hábito que devemos criar é o de organizar as finanças semanalmente. Muita gente deixa para se planejar só no final do mês. No entanto, esse é um período muito longo. Após trinta dias já estamos cansados e tudo que queremos é esperar o próximo mês. Com um planejamento semanal, a tendência é nos sentirmos mais dispostos e motivados, sem falar que fica mais fácil visualizarmos nossas movimentações financeiras.

Toda semana, eu separo um tempinho para anotar minhas receitas (todo o dinheiro que recebo) e minhas despesas (todo o dinheiro que gasto). Com o objetivo de transformar isso em um hábito, é legal escolher um dia da semana para essa atividade. Eu gosto de fazer às sextas-feiras, porque em geral é um dia da semana em que saio para me divertir. Se você mantiver esse hábito semanal, saberá quanto sobrou do seu dinheiro naquela semana. Fazer esse controle às sextas me ajudou inclusive a saber quanto posso gastar no rolê!

Uma vez por semana é o mínimo que recomendo para manter um bom controle sobre seu dinheiro, mas é claro que você pode adaptar. Por exemplo, se você for um trabalhador autônomo, sem salário fixo, pode ser útil aumentar essa frequência. Se estiver endividado, sugiro que anote seus gastos diariamente.

Mas, Nath, como fazer essas anotações?

GASTOS

Para começar, divida seus gastos em quatro categorias:

• **Gastos fixos:** coisas que você paga todos os meses sempre com o mesmo valor. Por exemplo: aluguel, plano de saúde, academia e prestação da casa, do carro ou de outros produtos.

• **Gastos variáveis:** coisas que você paga todos os meses, mas que podem ter valores diferentes a cada mês. São custos que você pode tentar diminuir. Por exemplo: contas de água, de luz, de internet, de celular, de supermercado, combustível, estacionamento, farmácia, transporte público.

Observação: aqui, é importante incluir despesas com lazer. A gente não vive só de pagar boleto, né? Cortar todos os gastos consigo mesmo pode ser angustiante e você não precisa fazer isso. Então cinema, bar, festas, entre outros tipos de lazer figuram entre os gastos variáveis.

• **Despesas extras:** são aquelas que não são mensais, mas precisam ser pagas. Por exemplo: IPTU, IPVA, material escolar e uniforme das crianças, algum remédio que não seja de uso contínuo... Às vezes, são gastos inesperados, mas existem alguns que já sabemos que vão chegar. É importante levar isso em conta no seu planejamento. Se você sabe que vai pagar IPTU no fim do ano ou material escolar no período de volta às aulas, pode começar a reservar dinheiro para isso antes e não ficar no aperto na hora.

• **Metas:** no capítulo anterior, falamos sobre definir e quantificar metas. Com isso em mente, é importante anotar também no seu planejamento financeiro o valor que você registrou que deve guardar mensalmente. É você quem vai decidir esse valor de acordo com sua realidade e com sua meta.

Se você esperar sobrar dinheiro, em vez de definir previamente o quanto vai guardar, é provável que tenha mais dificuldade. Colocar no seu planejamento a quantidade de dinheiro a reservar torna essa economia mais fácil e prazerosa.

> **Não espere sobrar dinheiro para guardar, porque, sem um controle adequado, a correria do dia a dia acaba levando nossas notas e moedas embora.**

RECEITAS

Já para as receitas, é mais fácil saber quanto se ganha se você recebe um salário fixo. Porém, se você é autônomo ou recebe comissão, sua remuneração vai ser diferente a cada mês. Nesses casos, recomendo que anote o que ganhou nos últimos 3 meses e divida por 3, para ter uma média mensal.

Por exemplo, nos últimos três meses você recebeu os seguintes valores:

Mês 1: R$ 2.500,00
Mês 2: R$ 1.500,00
Mês 3: R$ 2.000,00

Primeiro, some os valores.
R$ 2.500,00 + R$ 1.500,00 + R$ 2.000,00 = R$ 6.000,00
Depois, divida por três.
R$ 6.000,00 ÷ 3 = R$ 2.000,00
Isso significa que sua renda mensal média é de R$ 2.000,00.

Essa média vai servir como base, mas você ainda assim deve anotar cada valor que recebe, se quiser realmente ter controle sobre seu dinheiro.

PREVISÃO DE ORÇAMENTO

Depois de anotar os valores das suas receitas e de cada gasto e entender o dinheiro que entra e o que sai, você vai conseguir prever mais ou menos os gastos do próximo mês. Assim como as empresas que trabalham com previsão de orçamento, você vai ter uma ideia mais clara dos seus próximos ganhos e gastos.

Com essa previsão, você consegue visualizar melhor os meses em que gastou mais e os meses em que gastou menos. Isso te ajuda a economizar. Se você agora sabe que gasta em média R$ 300,00 por mês com energia elétrica, vai logo perceber que há algo errado quando a conta chegar a R$ 400,00 ou que economizou bastante quando não passar de R$ 200,00 — e vai saber quais hábitos permitiram essa economia.

Uma tática que algumas pessoas usam e que você pode encontrar em alguns aplicativos é separar seus gastos em subcategorias, como alimentação, moradia, bichos de estimação e por aí vai. Eu acho que isso pode acabar sendo uma armadilha. Essa divisão em subcategorias dá trabalho e, muitas vezes, é desnecessária. Pode tornar chata a atividade de se planejar financeiramente e, portanto, fazer você desistir. As categorias mais amplas que eu indiquei já ajudam na organização e simplificam esse trabalho. Mas, claro, opte pelo tipo de anotação que funcionar melhor para você.

No meu vídeo "Controle Seu Dinheiro Com Uma Planilha", eu compartilhei uma planilha de planejamento financeiro, mas você pode se sentir mais à vontade anotando em um caderno. O importante é anotar. Os links dos vídeos e os exemplos de planilhas você encontra no final do livro.

Comece a se organizar agora e receba você também o selo de aprovação da Nath Finanças.

crédito @brusinhas

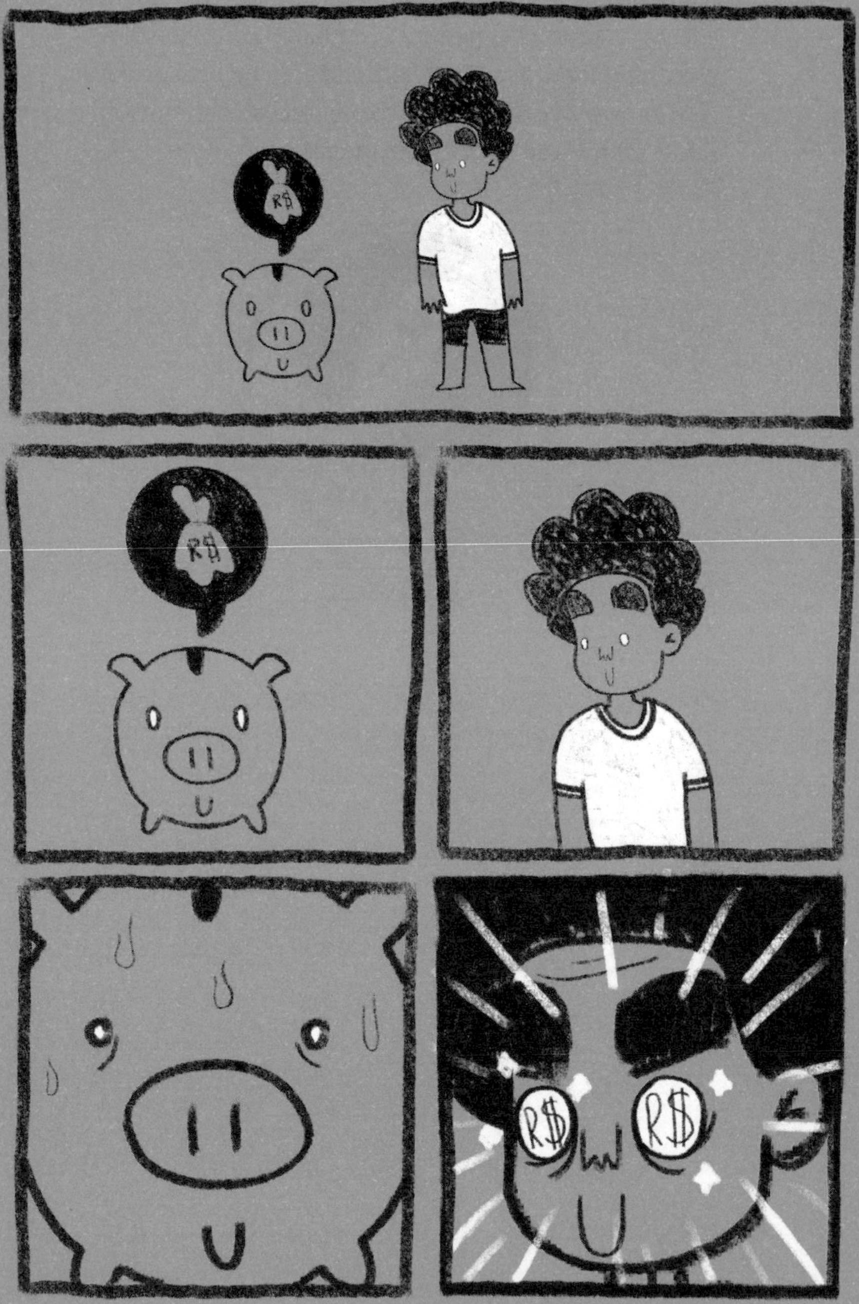
R$
R$
R$ R$

6. RESERVA DE EMERGÊNCIA

IMPREVISTOS ACONTECEM

Existe ainda uma parte de um bom planejamento financeiro que com certeza vai te ajudar muito caso aconteça algum imprevisto: a reserva de emergência.

Guardar algum dinheiro para eventualidades é muito importante, já que estamos sempre sujeitos a imprevistos. Se você quer ter controle da sua vida financeira até nos momentos difíceis, deve encarar a reserva de emergência como uma meta.

Vamos supor que você perca o emprego, tenha seu pagamento atrasado, sofra uma redução salarial ou, sendo autônomo, fique impossibilitado temporariamente de exercer sua atividade. A pandemia de coronavírus trouxe esse tipo de transtorno para muita gente. Em tempos assim, ter uma reserva de emergência permite alguns meses de respiro. É uma forma de conseguir se manter enquanto procura outra fonte de renda.

Não existe fórmula mágica: ter seis meses de salário guardado é um objetivo que muita gente não tem condição de alcançar. Lembra que, algumas páginas atrás, falei sobre metas realizáveis? Sua reserva de emergência precisa ser uma meta realizável também. Se você ganha pouco e não consegue guardar muito dinheiro mensalmente, tudo bem fazer isso aos poucos.

Mas como eu começo minha reserva de emergência, Nath?

COMO ESTIPULAR O VALOR DA SUA RESERVA DE EMERGÊNCIA

Já tendo feito seu planejamento financeiro, você sabe o total das suas despesas fixas e variáveis de cada mês. Como dissemos no capítulo 5, nessa conta entram aluguel, condomínio, luz, água, telefone, internet e outros. Não esqueça de incluir uma média das despesas variáveis, como alimentação, farmácia e transporte.

Some esses valores e multiplique pela quantidade de meses que você acha que vai precisar para resolver alguma urgência financeira, até encontrar outra fonte de renda. Por exemplo, se você gasta R$ 500,00 em despesas fixas e R$ 500,00 em despesas variáveis, o total vai ser de R$ 1.000,00. Supondo que você considere que em dois meses é possível se recuperar e ter novamente uma forma de sustento, a meta da sua reserva de emergência vai ser de R$ 2.000,00.

Então, a fórmula que vai te ajudar a estimar sua reserva financeira é a seguinte:

> Despesas Fixas + Variáveis =
> Valor necessário para você se manter (1)
>
> Quantos meses você consegue segurar, sem receber nada, até encontrar outra fonte de renda (2)
>
> Pegue esse valor (1) e multiplique pelos meses (2) que você quer ter reservados
>
> (1) X (2) =
> Reserva de emergência ideal (3)

No meu caso, quando comecei a fazer minha reserva de emergência, estipulei dois meses. Demorei oito meses para fazer a reserva, porque eu ganhava pouco. Mas eu consegui. E tudo bem começar agora, juntando de pouquinho em pouquinho. Não somos ricos ainda, não é mesmo?

Para começar a guardar o dinheiro, estabeleça uma quantidade que seja coerente com sua realidade financeira e conte por quanto tempo vai precisar juntar. Se você só puder reservar R$ 100,00 durante o mês (que seria cerca de R$ 3,50 por dia), vai precisar de vinte meses para alcançar a meta de R$ 2.000,00. Quanto maior o valor que você puder guardar por mês, mais rápido vai alcançar o total desejado, e quanto menos você juntar por mês, mais tempo vai demorar.

No entanto, aumentar o valor mensal a ser guardado não é o único jeito de diminuir o tempo que você vai passar juntando esse dinheiro. Se uma reserva de emergência de dois meses é uma meta inalcançável para você agora, uma alternativa é diminuir o valor da reserva. Em vez de um valor suficiente para você se manter por dois meses, pode guardar uma reserva para uma emergência de quinze dias, por exemplo. O primordial é você definir direitinho esses números todos.

Então faça as contas de novo, de acordo com suas possibilidades, e comece a juntar o dinheiro. Pense nele como parcelas de uma compra que você fez e ainda está pagando, como um celular ou um eletrodoméstico. Só que, nesse caso, o que você comprou foram dois meses de auxílio para seu "eu" do futuro.

FUJA DAS ARMADILHAS NA HORA DE MONTAR SUA RESERVA

Um detalhe importante da reserva de emergência é que você deve guardar a parte do dinheiro destinada a ela no mesmo dia em que receber seu salário ou pagamento. Se você trabalha com carteira assinada, deve reservar também parte do décimo terceiro. Se você recebe R$ 1.500,00, considere como se recebesse R$ 1.400,00, porque aqueles R$ 100,00 já têm destino. Como se fosse um débito automático, sabe? Só que no caso vai ser você conscientemente direcionando o dinheiro para a solução de problemas que venham a acontecer no futuro.

Uma observação importantíssima é que a reserva de emergência precisa ser uma meta à parte. Ela não pode se confundir com suas outras metas financeiras. Por exemplo, usar o dinheiro da sua reserva de emergência para viajar é um grande erro, porque, se acontecer algum problema, você não vai ter para onde correr.

Um bom planejamento financeiro precisa considerar tudo isso. Se a viagem é uma meta, você vai ter a quantia mensal destinada a ela, assim como vai ter uma quantia destinada à reserva de emergência. É essencial fazer essa distinção. Caso contrário, a própria ideia de reserva de emergência perde todo o sentido.

Eu sei que você merece sua viagem ou os produtos que poderia comprar agora, mas, como já falei antes, precisamos pensar no amanhã. Seu "eu" do futuro merece essa garantia de poder arcar com as despesas caso aconteça alguma emergência.

E AGORA A AÇÃO!

E você pode me perguntar: *Nath, onde guardar esse dinheiro?* O caráter da reserva de emergência sugere por si só duas coisas principais:

1. Segurança. Você não quer nem pode correr o risco de perder esse dinheiro.

2. Poder tirar o dinheiro a qualquer momento. Você precisa ter esse dinheiro em mãos no exato momento em que surgir a necessidade, já que estamos falando de emergências. (A disponibilidade do dinheiro se chama liquidez. Então quando você ouvir alguém dizendo que determinado investimento tem alta liquidez, ou liquidez diária, significa que você terá acesso ao seu dinheiro no momento que quiser, ou com um ou dois dias de diferença. Já investimentos de baixa liquidez são os que você só tira o dinheiro numa data específica.)

Ou seja, você precisa de opções conservadoras de investimento, que não tenham chance de sugar seu dinheiro e que te possibilitem resgatá-lo instantaneamente. No capítulo 11, vou retomar essa questão.

Por enquanto, quero convidar você a botar em prática seu planejamento para a reserva de emergência. Há algumas páginas já fizemos o cálculo para estimar qual é o valor ideal da sua reserva de emergência. Vamos agora colocar esse plano em ação. Pegue a calculadora do celular e mãos à obra!

Despesas Fixas + Variáveis =
Valor necessário para você se manter (1)

Quantos meses você consegue segurar, sem receber nada, até encontrar outra fonte de renda (2)

Pegue esse valor (1) e multiplique pelos meses (2) que você quer ter reservados

(1) × (2) =
Reserva de emergência ideal (3)

Quanto dinheiro você pode guardar por mês para sua reserva de emergência? Anote esse valor. (4)

Agora pegue o valor da sua reserva de emergência (3) e divida pelo valor que você pode guardar por mês (4). Descubra, assim, quanto tempo você vai levar para atingir a meta da reserva de emergência.

Não importa quantos meses, qual é o valor da reserva nem quanto você pode guardar. O importante é montar a reserva financeira! <3

STONKS ✓

7. PEQUENAS ECONOMIAS DO DIA A DIA

COMO ECONOMIZAR NOS GASTOS DA CASA

Uma coisa muito importante para ajudar você a atingir suas metas mais rápido, se livrar de dívidas e melhorar sua saúde financeira são as pequenas economias que podemos fazer no dia a dia. Muita gente me pergunta sobre economia doméstica, como começar a se organizar em casa, quais as pequenas brechas que permitem diminuir os gastos.

Pense em todas as despesas da sua casa e do seu cotidiano: compra de alimentos e produtos de higiene, conta de luz, água, internet, telefone e TV por assinatura, serviços de manutenção ou pequenos reparos, compra de roupas ou outros objetos de necessidade...

Você pode economizar em tudo isso.

CALCULANDO QUANTO EU POSSO GASTAR COM LANCHE NESTE MÊS

MERCADO

Vamos começar, então, pelas compras de mercado. Tem gente que gosta de ir ao mercado uma vez por semana e gente que vai uma vez por mês. Esse é mais um resquício da hiperinflação: na época em que os preços subiam todo dia, tínhamos que gastar todo o salário rapidamente e, assim, surgiu a prática das compras mensais de supermercado. E essa prática não é ruim. Pelo contrário. No geral, eu recomendo que se faça esse tipo de compra mensalmente mesmo. Acho mais vantajoso por três motivos:

1. Salário e despesas fixas costumam ser mensais. Assim, fazer as compras de mercado uma vez por mês ajuda a manter um parâmetro desse gasto e ter uma noção melhor do valor dessa despesa e do consumo por mês.
2. Se você compra em apenas um dia todos os alimentos e demais produtos de casa que vai consumir no mês inteiro, vai precisar de uma quantidade maior do que se dividisse essas compras em quatro semanas, certo? Assim, vai poder comprar em mercados que vendem no atacado e que em geral são mais baratos.
3. Saindo para fazer essas compras só uma vez por mês, em vez de quatro (uma a cada semana), você economiza com gasolina ou transporte.

No entanto, uma exceção é quando você mora sozinho. Nesse caso, não é possível fazer todas as compras mensalmente e em grande quantidade, porque alguns produtos acabariam estragando. Quando moramos com várias pessoas, uma grande quantidade de iogurte, por exemplo, é consumida antes que dê tempo de passar da validade, mas quando moramos sozinhos essa realidade é diferente. Alguns produtos precisam ser adquiridos em quantidade menor. Por isso, é mais vantajoso comprar alimentos mais perecíveis semanalmente. Afinal, comida estragada é dinheiro jogado fora.

Sendo assim, se você mora sozinho, pode dividir suas compras de mercado da seguinte forma:

Produtos não perecíveis (arroz, feijão, farinha, óleo etc., além de coisas que não sejam alimentos) — uma vez por mês.

Produtos perecíveis (frutas, laticínios, vegetais etc.) — uma vez por semana.

Além disso, quando você for ao mercado, é crucial ter uma lista de compras. Esse é um hábito antigo, mas muitas pessoas não fazem lista e acabam comprando mais do que o necessário. Ou comprando besteiras por impulso. Para uma boa organização financeira, você precisa enumerar todos os produtos de que precisa para o mês e a quantidade de cada um. Deve se guiar por isso, não por intuição. Outra dica é ir ao mercado de barriga cheia. Existem estudos que comprovam que ir ao mercado com fome leva a comprar mais do que o necessário, então é bom evitar.

OUTROS PRODUTOS E DICAS SOBRE COMPRAS ON-LINE

Tanto para compras de mercado quanto ao comprar produtos como eletrodomésticos, móveis, brinquedos, livros, sapatos, papelaria etc., algo que pode ajudar a economizar é comparar preços. Sabe aquela frustração de comprar em uma loja e, pouco depois, ver a mesma coisa em outro estabelecimento por um preço menor? Você pode fugir disso facilmente.

Hoje em dia, ninguém precisa fazer comparação de preços ao vivo, andando de loja em loja. A tecnologia deve ser usada a nosso favor. Existem sites e aplicativos que automatizam esse trabalho, como o Buscapé e o Zoom. Eles mostram em que loja determinado produto está mais barato, indicam a média de preço, e ainda é possível ativar alertas para que mandem mensagem quando o preço estiver mais baixo e acessar resenhas de outras pessoas que compraram o produto. Isso é muito importante, porque você consegue saber a experiência das pessoas e evitar gastar dinheiro com algo de baixa qualidade, que estrague em pouco tempo.

Falando em internet, você sabia que, muitas vezes, fica mais barato comprar um produto on-line do que na loja física? Alguns sites trabalham com frete grátis, mas tem casos em que, mesmo com o frete, a diferença no valor do produto ainda compensa.

Na hora de pagar, tanto na internet quanto em lojas físicas, o pagamento à vista pode trazer vantagens no preço final. Algumas lojas on-line oferecem desconto em pagamentos à vista por boleto. Já em lojas físicas, se você pagar à vista, tem mais chance de negociar um desconto com o gerente. Sei que, quando se trata de um produto mais caro, é difícil juntar todo o dinheiro para pagar de uma vez. No entanto, se for algo com um valor acessível para você, vale a pena pagar à vista para conseguir esse desconto.

E se você é aquele tipo de pessoa que adora comprar on-line e volta e meia compra algo sem necessidade ou por impulso, eu tenho a solução! Uma seguidora minha chamada Nathaly Bispo fez uma extensão no Google para você instalar no seu computador. Toda vez que você entrar nos sites e apertar "comprar", a minha cara aparece na sua tela com a seguinte frase:

Tecnologia desenvolvida por Nathaly Bispo

Diversão garantida e o seu bolso agradece. E o melhor: É GRATUITA, MINHA GENTE! É só você digitar "Nath Finanças Anti Falhas" no Google e clicar no botão "Usar no Chrome".

Essas são algumas maneiras de gastar menos em produtos. Agora, vamos falar sobre pequenas economias que podemos fazer em relação a serviços.

SERVIÇOS

Geralmente, pagamos serviços para economizar tempo. Precisamos trabalhar, cuidar de filhos, crianças ou idosos e também descansar. Contratamos alguém para montar uma estante nova, porque não podemos ou não queremos gastar horas aprendendo a fazer aquilo e botando esse aprendizado em ação.

Pensar na contratação de serviços dessa forma nos ajuda, em primeiro lugar, a visualizar os gastos de outro modo. Assim como você vende sua força de trabalho e seu tempo de vida para seu empregador em troca de salário, você reserva tempo de vida e esforço ao empregar outra pessoa para fazer determinado serviço. Gastar dinheiro para economizar tempo de vida parece mais importante do que gastar comprando coisas supérfluas, não é? Então esse pensamento já te ajuda a evitar desperdícios.

Com isso em mente, também é legal refletir sobre o tempo a se gastar fazendo você mesmo algum serviço e, em troca, guardar o dinheiro que usaria para contratar alguém.

Vamos supor que você precise montar um móvel. O preço que o montador cobra é R$ 200,00. Se você não quiser ou não puder gastar tempo nessa atividade, vai gastar esse dinheiro para que o montador faça por você. Mas, se tiver esse tempo, pode montar o móvel sozinho e economizar R$ 200,00. Assim, você guarda esse dinheiro para investir na sua meta ou para comprar algo que deseje. Por exemplo, pode guardar R$ 150,00 e usar os outros R$ 50,00 para comprar uma comida gostosa para saborear depois de ter passado esse tempo trabalhando para montar o móvel.

CONTAS

Nas contas de água, luz, internet, entre outras, também existem algumas formas de economizar.

Pessoas com renda familiar baixa têm direito à Tarifa Social de Energia Elétrica, por exemplo. Esse é um benefício criado pelo governo federal e regulamentado pela Lei 12.212/2010. Ele oferece descontos na tarifa de energia elétrica de acordo com a quantidade de energia consumida por mês. Quanto menos luz você gastar, maior é o desconto. Para famílias indígenas ou quilombolas, a conta pode até sair de graça.

Quem tem direito à Tarifa Social:
• Famílias inscritas no CadÚnico com renda de até meio salário mínimo por pessoa;
• Famílias em que algum integrante receba o Benefício de Prestação Continuada;
• Famílias com portador de doença que precise de aparelho elétrico para o tratamento, desde que estejam inscritas no CadÚnico e tenham renda de até três salários mínimos.

Se sua família se enquadra nesses requisitos, vocês podem procurar sua empresa fornecedora de energia e solicitar a Tarifa Social. Esse é um direito seu e usufruir dele é uma forma de fazer economia doméstica.

Se sua família não tem direito à Tarifa Social, ainda assim é possível economizar na conta de energia elétrica. Apagar a luz dos cômodos vazios é o básico, mas existem outras soluções, como tirar os aparelhos eletrônicos da tomada quando não estiverem em uso. Muitos aparelhos, mesmo desligados, gastam energia em *stand-by*. Eu mesma consegui diminuir minha conta de luz em 20% quando passei a tirar da tomada fogão, ventilador e ar-condicionado. Mas, claro, verifique se seus eletrodomésticos consomem energia em *stand-by*, pois nem todos os modelos são assim.

Pequenas atitudes que tomamos em casa fazem uma boa diferença no final do mês. Não esquecer luzes acesas ou eletrodomésticos ligados, verificar e consertar vazamentos para não desperdiçar água, desligar a torneira quando não houver necessidade etc.

Existia também uma resolução da Agência Nacional de Telecomunicações (Anatel), a Resolução nº 614/2013, que garantia o direito a um desconto na fatura de telefone e internet caso esses serviços sofressem interrupções ou quedas significativas de qualidade. Ou seja, se sua internet caísse ou ficasse oscilando por mais de meia hora, ou se o telefone ficasse ruim, a prestadora deveria te dar um desconto proporcional ao tempo que esse problema durasse. No entanto, o artigo que obrigava as empresas a abater esse tempo de mau funcionamento foi revogado em dezembro de 2019, pela Resolução nº 717. Apesar disso, ainda vale a pena entrar em contato com sua operadora de internet ou telefone em casos assim, porque existe a chance de elas compreenderem e oferecerem o desconto. Você também pode ligar para a própria Anatel ou fazer uma reclamação pelo site consumidor.gov.br.

Eu já consegui deixar de pagar a internet em determinado mês porque ela estava com péssima qualidade. Era um direito meu como consumidora, e ainda aproveitei para economizar aquele dinheiro para outros fins.

Ainda nesse tópico, veja se seu pacote de internet, TV por assinatura, telefone etc. é compatível com o que você precisa. Se você não usa tudo pelo que está pagando, considere mudar para um pacote mais simples e mais barato.

Além disso, muitas assinaturas de *streaming* (a tecnologia bastante popular e acessível que permite consumirmos filmes, séries e músicas em qualquer lugar, como Netflix e Spotify) possibilitam dividir a conta com algum amigo ou familiar. Assim você não precisa arcar sozinho com o valor do plano total.

Inclusive essa é uma dica que você pode usar nos aplicativos de transporte: dividir a corrida com alguém! Isso se você realmente precisar desse serviço. Antes de pensar em chamar um carro, veja se é mesmo necessário. (Volte lá no capítulo 3, sobre desejos e necessidades.)

MARMITEIROS, UNI-VOS!

Outra pequena coisa que você pode fazer para economizar no dia a dia é reduzir os gastos com comida na rua. Sabe quando você está voltando do trabalho cansada e, no ônibus ou no trem, entra um vendedor com chocolate, bala, amendoim? Às vezes é difícil resistir. E tudo bem, você não precisa cortar completamente esse tipo de coisa, mas é bom para sua saúde financeira bolar uma estratégia para diminuir esse consumo e não comprar por impulso.

Uma saída é deixar suas refeições prontas com antecedência. Assim, você vai ter menos trabalho para comer quando chegar em casa, e não vai ter que ficar pensando na demora para preparar a comida. Ou então você pode levar um biscoito ou uma fruta na bolsa ou mochila, quando for sair, porque é mais barato levar de casa do que comprar na rua.

Não tenha vergonha de levar essas comidinhas na bolsa, ou de levar uma marmita para o trabalho. Até quando você fizer algum passeio, considere a economia que é levar um lanche de casa em vez de comprar alimentos na rua. Você pode levar sanduíches para a praia, biscoitos ou bebidas comprados no mercado para algum evento que permita a entrada de alimentos etc.

No estado do Rio de Janeiro, onde eu moro, as pessoas costumavam usar bastante a palavra "farofeiro" para se referir às pessoas que faziam isso, mas se trata de um preconceito que está diminuindo bastante. Hoje em dia, com o aumento das discussões sobre sustentabilidade e alimentação saudável, a ideia de levar comida de casa para os lugares se tornou mais positiva, *clean*, legal, não tem mais tanto aquele estigma.

Nesse mesmo sentido, outra coisa que você pode fazer para economizar é reunir os amigos em casa em vez de ir para bares ou festas. Não precisa fazer isso sempre, claro, mas é uma opção mais barata para quando vocês precisarem economizar. Comprar bebidas, salgadinhos e doces no mercado sai bem mais barato que consumir esses produtos no bar.

NÃO SUBESTIME O PODER DOS CENTAVOS!

O famigerado cofrinho também pode ajudar muito na hora de poupar. Durante um ano, eu já consegui juntar R$ 70,00 em moedas assim. É uma boa ideia principalmente para as pessoas que odeiam carregar moedas por aí.

Centavos costumam ser subestimados, principalmente por pessoas de renda alta, mas eles são muito úteis. E você nem precisa juntar R$ 70,00 para sentir a diferença que eles fazem. Na hora de pegar um ônibus, trem ou metrô, cinco centavos a menos podem deixar você a pé.

Por isso, junte seus centavos, sim. Você pode guardar moedas em um cofrinho e até mesmo procurar pagar suas compras no débito, para salvar aqueles R$ 0,10 das compras de R$ 9,90, ou para evitar receber troco em balinhas. Os centavos que ficarem na sua conta, você pode ir juntando na poupança até atingir um valor que dê para pagar a passagem do transporte público, para comprar alguma coisa legal ou para investir.

Existem muitas formas de economizar no dia a dia. No final do livro, junto com outras listas e planilhas importantes, você encontra uma tabela que vai te ajudar a perceber onde mais pode economizar. O uso do seu cartão deve ser estratégico. E essa tática não se limita à função de débito do cartão. A outra função de um cartão, o crédito, também pode e deve ser usada de modo estratégico, a favor da sua saúde financeira. Esse vai ser o tema do próximo capítulo.

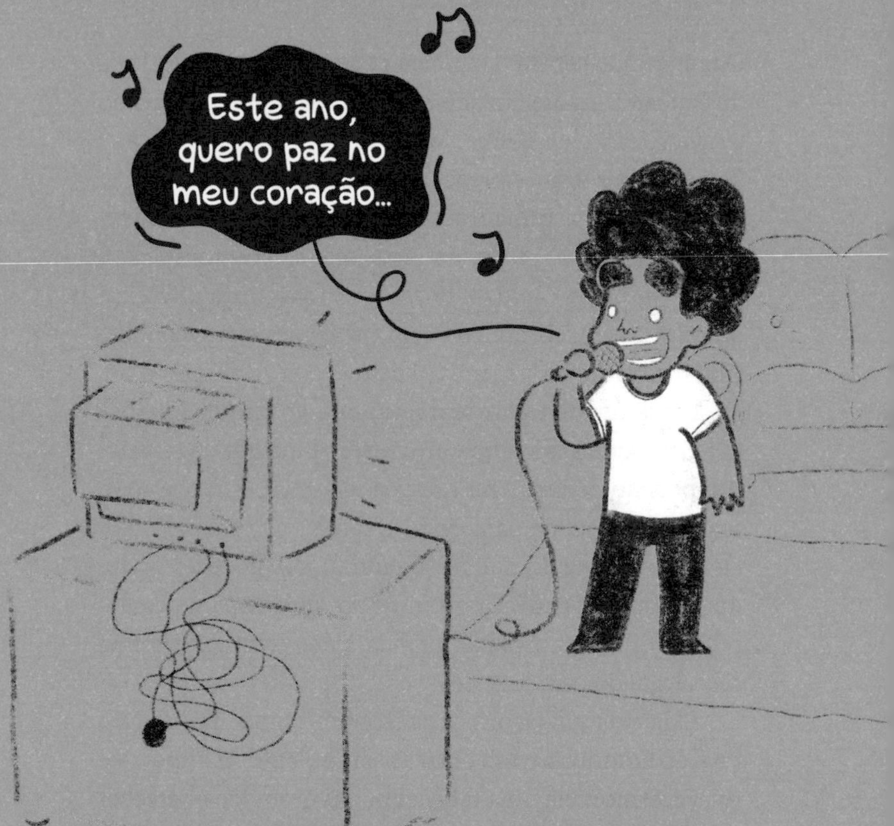
Este ano,
quero paz no
meu coração...

8. CARTÃO DE CRÉDITO E CHEQUE ESPECIAL

O QUE SIGNIFICA CRÉDITO

Você já deve ter ouvido que o cartão de crédito é um vilão. Muitas vezes, ele acaba sendo mesmo. No entanto, o crédito pode ser bastante útil se soubermos usá-lo a nosso favor.

Em primeiro lugar, precisamos esclarecer o que é o crédito. Muita gente age como se fosse um dinheiro seu, extra, praticamente infinito, e por isso não o utiliza de forma consciente. Temos a cultura de parcelar compras no cartão ou até ter vários cartões para conseguir um limite maior. Isso porque não somos ensinados sobre a verdadeira natureza do crédito e o melhor jeito de tirarmos proveito dele.

Para quem não sabe, o crédito não é um dinheiro nosso. É um dinheiro que o banco nos empresta, na forma de cartão. Depois ele nos dá trinta dias para devolver esse valor, ou alguns meses se fizermos parcelamento. Mas a visão errada de que esse dinheiro é seu leva muitas pessoas a gastarem no crédito mais do que podem e, desse modo, se endividarem. Ainda mais porque os juros que pagamos no cartão de crédito são altíssimos.

O brasileiro paga em média 400% ao ano de juros no cartão de crédito. Cada blusinha, calçado, eletrodoméstico, bebida e comida que você paga no crédito, ou as compras parceladas que você acumula, tudo isso que, a princípio, parece supervantajoso, pode sair bem mais caro do que deveria. Seu bolso chora toda vez que você paga o valor mínimo da fatura e vai quitando o restante com esses juros abusivos.

Eu já tive problemas com o cartão de crédito. Houve uma época em que eu vivia para pagar faturas. É uma ironia do destino, porque no meu primeiro emprego de carteira assinada, pasmem: eu fazia cartão de loja para as pessoas!

CICLO VICIOSO DE GASTOS NO CARTÃO. SAIA DESSA!

Meu salário era de R$ 700,00 no meu emprego (esse dos cartões de loja). Eu tinha fechado a conta bancária que usava no outro emprego e fui abrir uma segunda conta em um banco diferente. Ao fazer isso, recebi um cartão de crédito com limite de R$ 2.000,00. Logo, a impressão era de que eu tinha R$ 2.700,00 disponíveis. Além disso, o cartão tinha uma anuidade parcelada em R$ 37,00 por mês caso eu não fizesse nenhuma compra. Ou seja, mesmo não usando, eu gastaria dinheiro com ele. Então eu usava, e muito.

Com isso, me perdi no terrível ciclo de gastar tudo que eu ganhava antes mesmo de receber. Quando meu salário caía, era tudo destinado à fatura do cartão. Eu ficava sem dinheiro e... recorria ao crédito de novo. Talvez você também esteja nessa situação. A grande dúvida é: o que fazer para sair desse ciclo?

Iniciei o caminho de libertação disso tomando uma das decisões mais importantes da minha vida financeira: usar o cartão de crédito apenas para gastos essenciais que eu não poderia pagar à vista. Parei com a ilusão de encarar o crédito como se fosse uma extensão do meu dinheiro. Nosso dinheiro é o salário que nos esforçamos tanto para ganhar. Na minha opinião, todos deveríamos adotar esse ponto de vista, de verdade.

QUANDO PUDER, PAGUE À VISTA!

Isso não significa abandonar a alternativa do crédito, até porque muita gente não tem possibilidade financeira de pagar tudo à vista. Mas o ideal é reservá-lo para situações em que o parcelamento seja necessário e urgente. Por exemplo, reparos emergenciais de eletrodomésticos ou compra de um celular novo em caso de roubo, essas coisas. Se você tiver dinheiro para pagar à vista nesses casos, é melhor, mas, se não tiver, o crédito se torna um aliado.

E o mais importante: se não tiver necessidade de parcelar a compra, não parcele. Pode acontecer, por exemplo, de o seu fogão estragar e você precisar adquirir um novo. Vamos supor que o fogão custe R$ 400,00. Você não tem esse dinheiro agora, mas no mês que vem, de acordo com seu planejamento financeiro mensal, vai ter. Nesse caso, é melhor pagar à vista no cartão de crédito e, no mês seguinte, pagar esses R$ 400,00 inteiros na fatura. Mas, se você verificou no seu planejamento que só tem R$ 100,00 disponíveis a cada mês para pagar esse fogão, é o caso de parcelar em quatro vezes e ir quitando aos poucos.

PARCELA COM CAUTELA

Eu sei que é tentador dividir esses R$ 400,00 em oito vezes, em vez de em quatro, para ficar com mais folga, mas não recomendo que faça isso. Mais parcelas significam mais tempo pagando, e isso pode atrapalhar seu planejamento financeiro. Imagina que chato se acontece outra emergência (por exemplo, a cafeteira quebra) depois de cinco meses e você precisa parcelar mais uma compra. Vai acabar acumulando parcelamentos e isso pode causar endividamentos excessivos.

> **Ter uma dívida não é necessariamente ruim, se pensarmos que todos os boletos que temos para pagar são dívidas. Mas ser uma pessoa endividada é ruim, porque significa que você se enrolou com essas dívidas e está pagando juros.**

Para uma boa organização financeira, o ideal é só parcelar alguma compra depois que tiver quitado todas as parcelas das compras anteriores. Talvez seja dolorido e você tenha que abrir mão de alguma coisa, mas essa atitude é o caminho certo para mudar positivamente sua relação com o dinheiro.

Resumindo, tente parcelar no mínimo de vezes possível, considerando o quanto você consegue pagar. No exemplo do fogão de R$ 400,00, o ideal é pagar em quatro vezes de R$ 100,00, e não em oito de R$ 50,00, para você não se atrapalhar, porque oito meses é muito tempo e tudo pode acontecer. Nem, digamos, em duas parcelas de R$ 200,00, porque esse valor está acima do que você definiu que é possível pagar de acordo com seu planejamento e pode criar problemas na hora de pagar a fatura inteira.

Sempre que você parcelar uma compra, recomendo que anote a quantidade de parcelas e o valor delas, para ter controle sobre seus gastos e evitar acumular parcelamentos por engano. E se você atrasar os pagamentos, ou pagar o mínimo da fatura do cartão, os juros vão aumentar sua dívida, e é aí que mora o problema.

O QUE SÃO JUROS DO ROTATIVO

Se você possui um cartão de crédito e não consegue realizar o pagamento do valor total da fatura até o vencimento, há a possibilidade de fazer um parcelamento, pagar o mínimo ou mesmo qualquer quantia (ainda que seja menor que o total). O restante será financiado pelo crédito rotativo.

Mas, Nath, o que é esse tal de crédito rotativo?

O rotativo é um tipo de crédito que pode ser oferecido aos clientes que não conseguem pagar a fatura do cartão por inteiro. Quando você paga uma quantia menor que o total, o valor restante entra na fatura seguinte, e são cobrados juros sobre essa diferença. Na prática, entrar para o rotativo significa que você está pagando juros em cima do valor que não conseguiu quitar.

Mas aí entra uma questão que exige atenção: os juros do rotativo estão entre os mais caros do mercado. A média da taxa do rotativo é divulgada todo mês pelo Banco Central. Em março de 2019, ela chegou a 298,6% ao ano.

Com as novas regras do cartão de crédito (de abril de 2017), só é possível usar o crédito rotativo uma vez por mês. Isso porque o Conselho Monetário Nacional (CMN) exige dos bancos a obrigatoriedade de transferir essa dívida para o crédito parcelado, que é uma opção com juros menores.

Mesmo assim, o mais triste é que o cartão de crédito é a principal forma de endividamento dos brasileiros, porque muita gente não sabe que o "pagamento mínimo" cobra tantos juros. Tomem cuidado! Por isso é que é tão importante aprender a usar o crédito de uma forma consciente e a seu favor.

NÃO É URGENTE? JUNTE ANTES, PAGUE DEPOIS

Outra dica para se prevenir de sufocos com cartão de crédito é juntar dinheiro para comprar à vista quando o produto ou serviço que você quiser não for urgente. Por exemplo, você quer um micro-ondas novo, que custa cerca de R$ 300,00, mas não tem esse dinheiro para comprar agora. Claro que é legal ter algo tão prático o quanto antes, mas não é um item essencial. Não é uma emergência. Então, em vez de parcelar no crédito em três vezes, vale mais a pena juntar R$ 100,00 por mês e, depois desses três meses, comprar o micro-ondas à vista. Até porque, como eu disse no capítulo anterior, com o dinheiro para pagar à vista você tem mais chance de conseguir desconto com o vendedor ou gerente e economizar. Leve tudo isso em conta no seu planejamento financeiro. Assim nós vamos, aos poucos, diminuindo o uso do crédito e aliviando nosso bolso.

LIMITES E BLOQUEIO

O próximo passo é definir um limite mensal para gastar no cartão. É de extrema importância que esse limite seja menor do que o seu salário, já que gastar mais do que se ganha é o caminho certo para o endividamento. Você pode até diminuir o limite do seu cartão pelo aplicativo do banco. Então imponha esse teto e tenha sempre em mente qual é o valor máximo que você pode usar sem extrapolar, afinal, as parcelas do cartão fazem parte dos seus gastos mensais!

Outra dica importante é bloquear o seu cartão virtual, porque assim, em caso de clonagem, você não precisa correr atrás do reembolso. Menos um problema. Você pode bloquear ou desbloquear o cartão virtual gratuitamente no próprio aplicativo do banco, e isso não prejudica em nada sua pontuação do CPF ou seu limite de crédito.

CHEQUE ESPECIAL

Além do cartão de crédito, outra forma comum de se usar um dinheiro emprestado do banco é o cheque especial. Em algumas instituições, ele pode aparecer com o nome de LIS, Limite, entre outros, então precisamos ficar atentos e saber com o que estamos lidando. Isso porque o cheque especial é também um grande causador de endividamento.

Apesar do nome, de especial ele não tem nada. É um dinheiro que o banco deixa na sua conta-corrente, emprestado, e, dependendo do banco e do cliente, esse valor pode ser maior ou menor. Se você usar o dinheiro do cheque especial, precisa devolver depois, com juros bem altos. Você pode acabar em um ciclo vicioso de viver para pagar o cheque especial, como aquele ciclo de dívidas no crédito que já abordei.

Assim como acontece com o cartão de crédito, muita gente não encara o cheque especial como um dinheiro emprestado, mas como uma extensão do próprio dinheiro. Inclusive, antes de julho de 2020, quando os bancos passaram a ser obrigados a avisar quando o cliente entra no cheque especial, às vezes as pessoas usavam sem perceber. Então vinham as cobranças com juros. (Se seu banco não está te avisando por mensagem, reclame, é seu direito!)

Os bancos cobram juros altos no cheque especial, assim como no cartão de crédito, porque não têm garantia de que o cliente vai pagar. Muitos realmente não conseguem custear essas despesas e acabam se afundando cada vez mais. Por isso, é importantíssimo saber como fugir das dívidas no cheque especial. Você pode até mesmo entrar em contato com seu banco e pedir o cancelamento desse serviço. Se você precisar de dinheiro emprestado do banco para as situações de que falei neste capítulo, prefira o cartão de crédito mesmo, não o cheque especial.

O SONHO DO NOME LIMPO

Eu aderi a todas essas medidas para sair do ciclo de viver para pagar fatura do cartão de crédito e, em três meses, consegui me livrar desse problema. Portanto, mudar o jeito de usar o cartão certamente trará muitas melhorias para sua saúde financeira, te livrando das dívidas no crédito e te permitindo alcançar diversos objetivos.

9. DÍVIDAS

O PRIMEIRO PASSO PARA RESOLVER UM PROBLEMA É RECONHECÊ-LO

No capítulo anterior, dei algumas dicas sobre como se planejar para sair do ciclo vicioso do crédito e evitar dívidas no cartão e no cheque especial. Porém, pode ser que você ou alguém do seu convívio já esteja passando pelo endividamento.

Na maioria das vezes as pessoas não têm culpa dos motivos que as levaram a se endividar. Segundo uma pesquisa de 2019 da Confederação Nacional de Dirigentes Lojistas (CNDL) com o Serviço de Proteção ao Crédito (SPC), as principais causas para as pessoas deixarem de pagar suas dívidas são desemprego, diminuição de renda e falta de organização financeira.

Estar endividado é uma situação péssima, em que nos sentimos pressionados o tempo todo, envergonhados, com um constante mal-estar. Muitas vezes, temos medo de olhar a fatura do cartão ou o extrato da conta-corrente e vermos que estamos devendo dinheiro. Isso nos afasta do

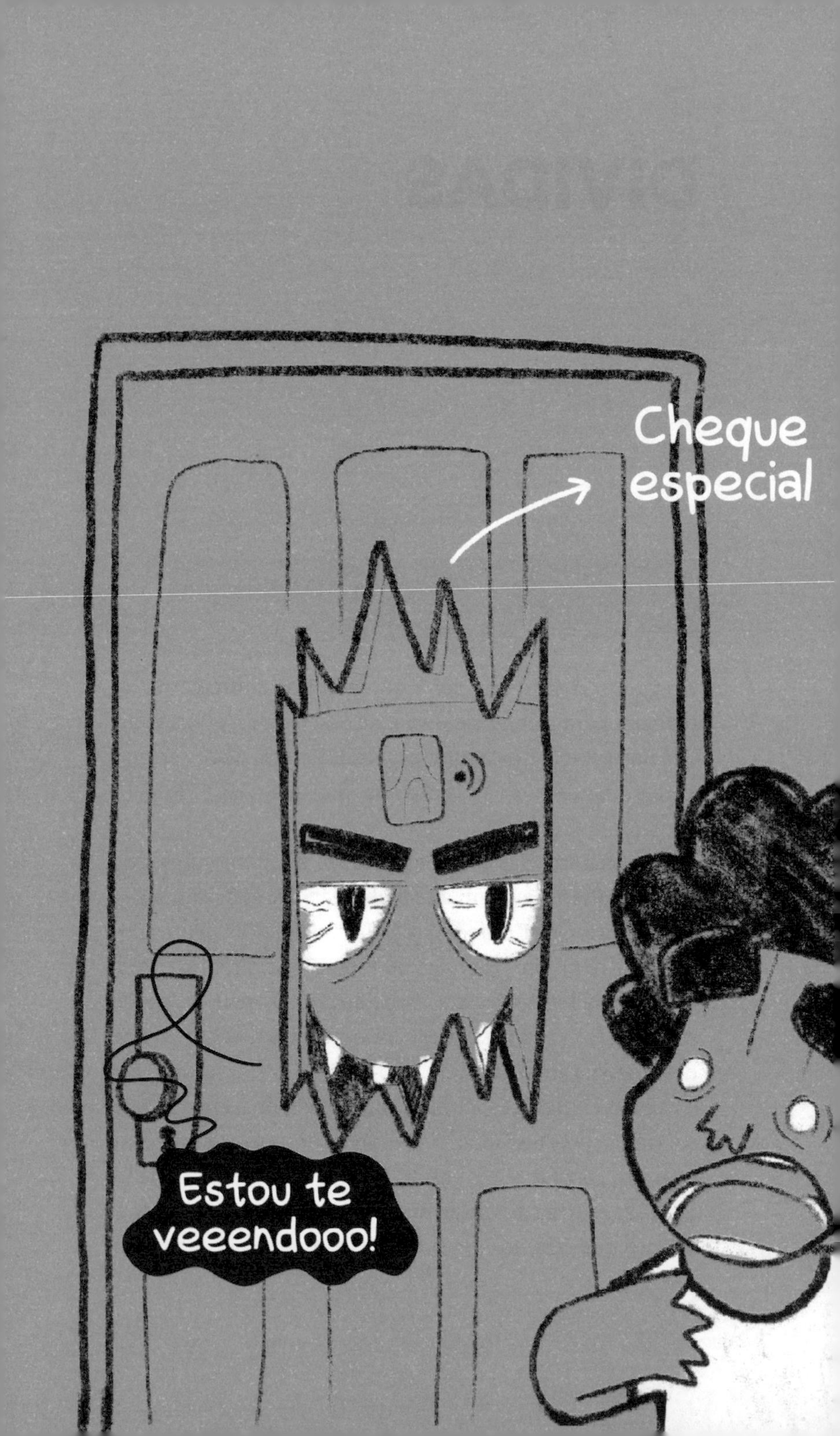
Cheque especial
Estou te veeendooo!

momento de encarar as dívidas. Pelo contrário, nos sentimos ansiosos quando o telefone toca, porque temos medo de que sejam chamadas de cobrança.

Quando a pessoa está numa situação financeira boa, com a pontuação alta no CPF, várias instituições ligam para oferecer crédito. Já a pessoa endividada frequentemente recebe cobranças massivas, até ofensivas, como se tivesse cometido um crime. Isso intimida e pode até desencadear ansiedade e depressão.

> **Já sei que estou com dívidas, não precisa ficar lembrando!**

Com esses sentimentos todos, muitas vezes não visualizamos soluções reais. Mas o primeiro passo para sair do negativo e limpar seu nome é deixar o medo de lado e encarar o problema de forma racional, com a cabeça fria. Você precisa entender e anotar todas as suas dívidas, quanto precisa pagar em cada uma e quais são os juros. A partir disso, vai ser capaz de traçar um plano para quitar tudo, e eu sugiro alguns passos que podem ajudar.

O primeiro passo é falar com a família.

É hora de falar com todo mundo!

Se algum parente puder te emprestar dinheiro sem cobrar juros, isso vale mais a pena do que pegar dinheiro emprestado do banco para pagar as dívidas, como muita gente costuma fazer. Usar o cheque especial do banco não é bom, porque vai ter juros do mesmo jeito, e pode acabar apenas transferindo sua dívida de uma instituição para outra, sem trazer vantagens verdadeiras.

Mesmo que ninguém na sua família tenha condições de emprestar o dinheiro, vocês podem combinar um jeito de cada um fazer sua parte para economizar em casa, ou talvez consigam dividir de outra forma as despesas. Seus parentes podem contribuir também na organização financeira, ajudando você a anotar seus gastos, por exemplo.

Economizar é também um passo essencial.

ECONOMIZE!

Você vai ter que renunciar a várias coisas, e isso é ruim, mas é por um bem maior. Sair do vermelho é a prioridade, e esse esforço vai trazer recompensas mais para a frente. Seu "eu" do futuro vai ser mais feliz se não precisar gastar todo o dinheiro com dívidas nem enfrentar a pressão psicológica das cobranças.

Além de economizar para poder destinar mais dinheiro ao pagamento das dívidas, tente fazer uma renda extra. Você pode vender roupas e calçados que não usa, livros que já leu e outros objetos que estão parados em casa. É possível anunciar em sites como OLX, Enjoei, Mercado Livre ou em grupos de vendas no Facebook.

> **Na hora de pagar as dívidas, comece pela que tem os maiores juros.**

COMECE PELA DE JUROS MAIORES E NEGOCIE SUAS DÍVIDAS

É importante estabelecer prioridades, já que não dá para fazer tudo ao mesmo tempo. Então, que tal começar pelo que gera mais impacto no seu bolso? Preste atenção nas contas que têm multa e juros mais altos e, na hora de pagar, comece por elas.

Outra coisa que você pode fazer é negociar suas dívidas.

Entre em contato com o banco, a loja, a escola particular, enfim, com a instituição para a qual você estiver devendo, e procure fazer um acordo que se encaixe melhor no seu orçamento. Você pode até conseguir um desconto, já que, para as empresas, é melhor receber menos do que não receber nada.

Existem também empresas de crédito para negativados que compram suas dívidas e fazem a parte da negociação. Por exemplo, se você estiver devendo no cartão de crédito, em duas lojas e na faculdade, a empresa negocia e quita essas dívidas e você passa a dever somente para essa empresa, podendo pagar no prazo que ela estipular. Os bancos são responsáveis por vender o direito de cobrança, então verifique se, no seu caso, existe essa possibilidade. Se existir, é uma alternativa para facilitar sua organização e principalmente diminuir as parcelas para um valor que caiba na sua organização mensal, mesmo que isso signifique pagar por mais tempo.

Então, considere as opções disponíveis de acordo com o que for melhor para sua realidade.

NÃO RECOMECE O CICLO

Além de ter uma estratégia para pagar o que deve, também é importante se organizar para evitar novas dívidas. Nessa hora, um bom planejamento financeiro pode salvar sua vida. Use as dicas dos capítulos anteriores. E não se esqueça de fazer uma reserva de emergência! Assim, caso perca o emprego ou sofra algum problema que vá sugar todo o seu dinheiro, você vai ter como se manter por algum tempo sem recorrer a endividamentos.

ENFIM, LIVRE!

Depois de pagar as dívidas e limpar seu nome, você ganha mais fôlego, pode planejar melhor seu futuro e até direcionar seus esforços para aumentar seu *score* de crédito, caso pretenda financiar uma casa ou um carro, por exemplo.

O *score*, ou "pontuação do CPF", é uma pontuação que os órgãos de proteção ao crédito, como a Serasa e o SPC Brasil, registram sobre cada cidadão que tem contas em seu nome. É possível consultar sua pontuação gratuitamente no site da Serasa.

Tudo que você compra mostra sua situação como bom ou mau pagador. Seu *score* fica baixo quando você acumula dívidas, mas, se você paga seus boletos dentro do prazo, ele aumenta, e as instituições financeiras passam a confiar mais em você. Se você pensa em algum dia fazer um financiamento, por exemplo, precisa ter uma boa pontuação.

Para aumentar a pontuação, é preciso pagar seus boletos em dia. E também ter as contas no seu nome. Por exemplo, se você ou sua família pagam sempre as contas de água e energia elétrica até o vencimento, vincular esses pagamentos ao seu nome e CPF mostra que você é um bom pagador.

Outra forma de se mostrar confiável para as instituições é não solicitar muitos cartões de crédito ou empréstimos. Se você parecer desesperado por crédito, vai dar a entender que não tem controle financeiro, e sua pontuação pode diminuir. O mesmo acontece se você solicitar um aumento considerável do limite do cartão de crédito, ou se fizer esse tipo de pedido com frequência.

Por último, manter seus dados atualizados no site da Serasa te dá mais chances de aumentar seu *score*. A atualização é gratuita e te ajuda a ter um cadastro confiável.

Com uma boa estratégia, é possível sair do vermelho, limpar seu nome, aumentar sua pontuação do CPF e evitar se enrolar de novo.

Dívidas? Não mais!

No final do livro, você encontra uma tabela para organizar suas dívidas, especificando para que empresa está pagando, qual é o valor de cada uma, quais são os juros... Agora é hora de você começar a organizar suas dívidas na prática.

ETAPAS DA VIDA

Aprender a andar

Se apaixonar

Se irritar com as taxas bancárias

10.
BANCOS

INIMIGOS OU ALIADOS?

Quando você pensa em banco, o que vem à sua mente? Vou tentar adivinhar. Filas? Estresse? Reclamações? Dificuldade para realizar operações que deveriam ser simples?

Desde criança, escutamos desabafos da família e criamos um imaginário negativo sobre os bancos. Assim, nossa relação com essas instituições normalmente é conturbada. É comum associar uma ida ao banco à dor de cabeça.

E não é para menos. Lembra quando fui abrir uma conta-corrente pela primeira vez e levei duas horas para conseguir? Se abrir conta já é difícil, fechar então é ainda mais cansativo, por ser algo que os bancos não querem fazer.

No entanto, existem complicações relacionadas a bancos que a educação financeira pode ajudar a evitar. Vamos começar pelo começo: a abertura de conta.

A conta-corrente nasceu como um instrumento para facilitar a movimentação do dinheiro. Por exemplo, pagamento de salário através de depósito em contas bancárias, em vez de dinheiro vivo em envelopes, é uma forma de prevenir fraudes e roubos. Hoje em dia, ter uma conta-corrente é quase obrigatório para quem está no mercado de trabalho.

ANATOMIA DE UMA CONTA BANCÁRIA

Sua conta bancária é identificada por três códigos principais, que você precisa saber para realizar algumas operações:

1. O código do banco. Todos os bancos brasileiros têm códigos de três dígitos.

2. O número da agência. Ao abrir uma conta, você se vincula a uma das agências do banco, e cada uma tem seu próprio código.

Isso não significa que você só possa realizar operações na sua agência. As principais operações bancárias podem ser feitas em qualquer agência do seu banco ou até em caixas do Banco24Horas, que podem ser encontrados em shoppings, postos de gasolina, mercados, rodoviárias, entre outros lugares que funcionem dia e noite. Só tome cuidado, porque algumas transações nessas máquinas têm tarifa!

3. O número da conta. Esse é o código individual da sua conta, vinculado ao seu nome e CPF (ou CNPJ em caso de contas de empresas).

Até aqui tudo bem. Porém, ao abrir a conta, pouca gente tem o costume de ler o contrato antes de assinar. Além disso, o banco não esclarece de boa vontade tudo que há nesse contrato. Por isso, é comum que você receba algumas coisas mesmo sem pedir, como um cartão de crédito, um seguro para esse cartão ou um cheque especial. E aí você paga tarifas, anuidade, juros, sendo que poderia escapar de tudo isso. Às vezes, você nem precisa de alguns serviços pelos quais está pagando.

O primeiro serviço que você deve evitar para se organizar melhor financeiramente e se proteger contra dívidas é o cheque especial. Já falamos sobre ele no capítulo 8.

ARMADILHAS: CHEQUE ESPECIAL E TARIFAS

Sei que, para algumas pessoas, é duro resistir à tentação, e isso não é inteiramente culpa delas. Eu mesma já usei o cheque especial, até porque há lugares que não aceitam pagamento no crédito. Alguns capítulos atrás, falei sobre a dificuldade de dizer "não" em situações assim, por causa da pressão social. Eu tinha muita dificuldade, e nessa de dizer "sim" mesmo quando não podia, passei a usar o cheque especial como se fosse meu dinheiro. Mas precisamos nos livrar dessa ilusão. Vale mais a pena você se organizar e ter uma reserva no valor do seu cheque especial do que usar o dinheiro emprestado do banco.

Temos que lembrar que o banco não é nosso aliado. Ele ganha dinheiro em cima da gente e se beneficia economicamente quando nos endividamos ou investimos. Se não pensarmos e agirmos de formas estratégicas, podemos cair em armadilhas. Tratar o cheque especial como se fosse seu dinheiro é uma delas.

Outra armadilha é acreditar que é obrigatório pagar taxa de manutenção da conta-corrente. Os bancos afirmam que você precisa pagar tarifas porque movimenta seu dinheiro na conta, tem acesso à agência etc. Isso é mentira. Você

> **A lei garante seu direito a uma conta bancária sem tarifas.**

não precisa pagar tarifas para ter uma conta bancária, um cartão de débito, realizar serviços básicos e ter a assistência do banco caso aconteça algum problema.

PACOTE DE SERVIÇOS ESSENCIAIS: SEU BANCO SEM TARIFAS

O Banco Central, órgão público que regulamenta grande parte do sistema financeiro e faz normas para os bancos comerciais, estabeleceu o Pacote de Serviços Essenciais por meio da Resolução nº 3.919. Desde 2010, todos os bancos são obrigados a fornecer esse pacote gratuitamente. Você pode solicitá-lo a qualquer momento. Os serviços essenciais incluem:

- Cartão de débito para compras e saques;
- 4 saques por mês;
- 2 transferências por mês entre contas do mesmo banco;
- 1 talão de cheques por mês com 10 folhas.

Além disso, você pode fazer consultas de graça pela internet, seja pelo navegador ou pelo aplicativo do banco.

Para solicitar, ligue para o serviço de atendimento do seu banco e diga que quer um Pacote de Serviços Essenciais. Caso você solicite esse pacote, ainda vai ser cobrado por serviços que não façam parte dele, ou se ultrapassar o limite mensal gratuito de saques, transferências etc. Porém, é uma excelente opção para quem usa pouco a conta. Tem gente que só usa para receber o salário, por exemplo.

Mas agora eu pergunto: seu banco, alguma vez, já te ofereceu esse pacote? Provavelmente não, já que não é do interesse deles que você deixe de pagar as tarifas. O gerente do seu banco vai oferecer o que for mais vantajoso para ele, que também é um trabalhador querendo bater metas na empresa. Mas faz parte da educação financeira conhecer seus direitos, para que você os reivindique e melhore sua relação com o dinheiro.

Então ok, você pode entrar em contato com o banco e solicitar seu Pacote de Serviços Essenciais sem tarifa. No entanto, o que são esses serviços? O que significa saque e depósito? Na hora de fazer uma transferência, qual é a diferença entre um DOC e um TED? Como fazer tudo isso?

VOCÊ SEMPRE QUIS SABER, MAS TINHA VERGONHA DE PERGUNTAR

O saque é a retirada de dinheiro da conta. O mais comum é que ele seja feito por meio do caixa eletrônico, seja o da agência ou o do Banco24Horas. Nesses casos, você só pode sacar valores compatíveis com as notas que a máquina tem disponíveis. Além disso, todos os bancos têm um limite de valor que pode ser sacado em caixa eletrônico, como medida de segurança.

Outro jeito de fazer saque é na "boca do caixa", ou seja, dentro da agência, naquele espaço que fica depois da porta giratória. Essa modalidade permite sacar valores maiores ou quebrados em centavos. Por exemplo, se você quiser encerrar sua conta e tiver R$ 47,35, vai precisar sacar esse valor na "boca do caixa".

O depósito é uma opção de envio de dinheiro para uma conta. Você pode depositar na sua própria conta ou na de outra pessoa, pode fazer isso em dinheiro ou em cheque, pelo caixa eletrônico ou na "boca do caixa" da sua agência bancária.

Se você precisa que o valor do seu depósito caia no mesmo dia em que realizar essa operação, precisa depositar em dinheiro na "boca do caixa" ou no caixa eletrônico, durante o horário de expediente do banco, entre 10h e 17h.

Se fizer o depósito pelo caixa eletrônico depois do horário de expediente, o dinheiro só vai entrar na conta no próximo dia útil. Já os depósitos em cheque podem levar de um a três dias úteis para caírem na conta.

Outra opção para enviar dinheiro a uma conta é a transferência bancária. Ela pode ser feita através do DOC (Documento de Ordem de Crédito) ou do TED (Transferência Eletrônica Disponível). O DOC só pode ser feito para valores abaixo de R$ 5.000,00. Demora um dia útil para que o dinheiro caia na conta de destino, mas o horário limite para envio é 21h59. Ou seja, um DOC feito na segunda-feira só chega na terça se você o fizer antes desse horário. A partir de 22h, essa operação só vai ser processada no dia seguinte, então vai aparecer para você como uma transferência agendada. Por exemplo, um DOC feito na segunda às 22h05 só vai chegar na quarta-feira. Se você fizer um DOC num fim de semana ou feriado, esse tempo de espera para que ele seja processado só começa a contar a partir do próximo dia útil.

O TED não tem valor máximo (nem mínimo) e demora menos para ser processado. Quando você envia o dinheiro por essa modalidade, ele chega na conta de destino no mesmo dia útil, num tempo entre cinco minutos e uma hora, dependendo do banco. Mas isso só acontece se você realizar a operação dentro do horário limite, que geralmente é até as 17h. Se você fizer depois, funciona como o DOC: a operação só vai ser processada no dia seguinte.

Tanto para o DOC quanto para o TED, você precisa dos seguintes dados da conta para a qual vai enviar o dinheiro:

• código do banco, da agência e da conta;
• nome e CPF do titular da conta.

Se você preencher errado esses dados, a transferência vai ser cancelada automaticamente e o dinheiro vai voltar para sua conta. É importante prestar atenção e preencher certo porque, se houver o cancelamento, pode ser que seu banco não devolva o dinheiro da taxa de transferência.

Para saber se é melhor fazer um TED ou um DOC, você deve levar em conta o valor que vai transferir e o tempo em que precisa que esse dinheiro caia na conta de destino. Além disso, é importante conferir as tarifas que seu banco cobra para essas duas operações. Se uma delas tiver um custo mais baixo, você pode economizar ao planejar suas transferências de acordo com as características dessa transação.

PIX

Lançado oficialmente pelo Banco Central em 5 de outubro de 2020, o PIX é o novo serviço de pagamentos criado pelo próprio Banco Central.

O PIX foi desenvolvido para acabar de vez com a TED, o DOC e os boletos, além de substituir o dinheiro, métodos de pagamento que geralmente têm um custo para a gente.

A vantagem do PIX é que ele é gratuito e funciona 24 horas por dia, sete dias por semana, até em feriados, além do fato de que os valores transferidos caem na conta do recebedor em questão de segundos.

Outra diferença do PIX para as outras formas de transferência são as "chaves PIX". As chaves funcionam como um atalho que resume todos os dados da sua conta, ou seja, você não precisa mais informar nome completo, CPF, agência, banco e conta para receber dinheiro de outra pessoa ou para você mesmo transferir dinheiro para alguém.

Também é possível realizar pagamentos em estabelecimentos comerciais por meio de QR Codes, que devem ser escaneados pelo celular. Imagine chegar numa loja e realizar a compra ao apontar a câmera do celular para um QR Code. É possível com o PIX.

Como os custos de operar com o PIX são menores para as instituições financeiras, a ideia é que muitas transações sejam gratuitas para o usuário final ou então com uma taxa beeeem reduzida. Até a data em que estava escrevendo este livro, o Banco Central não havia estabelecido limite de transferências via PIX. Mas as instituições terão a opção de fixar um valor máximo para as transações.

A grande dúvida da maior parte das pessoas ainda é essa "chave PIX". A chave vai ser como um apelido para identificar sua conta. Informá-la a quem for fazer alguma transferência para você é como dar o endereço da sua conta. SIMMMM, é isso mesmo que você entendeu. Com o PIX, não precisamos informar instituição bancária, número de conta, agência, nome completo e CPF.

São quatro tipos de chave PIX: CPF/CNPJ; e-mail; número de telefone celular; e chave aleatória. (Essa chave aleatória é um conjunto de números, letras e símbolos gerados de forma aleatória, e é ideal para quem quer utilizar o PIX sem informar nenhum dado pessoal.) Qualquer uma dessas chaves leva às informações completas, que identificam a sua conta (instituição financeira ou de pagamento, número da agência, número e tipo de conta).

As pessoas físicas podem ter até cinco chaves (dentre as opções citadas anteriormente) para cada conta da qual forem titulares, mas não é possível registrar uma mesma chave em mais de uma conta, já que ela será o "endereço" da respectiva conta. Para as pessoas jurídicas, são até vinte chaves por conta.

O sistema será gerido pelo Banco Central, e os bancos, as instituições de pagamento e as fintechs são responsáveis por aplicar os procedimentos que considerarem mais eficazes, tanto com relação às chaves quanto com relação ao PIX como um todo.

Toda a estrutura do PIX exigiu muito investimento em segurança tanto por parte do Banco Central quanto por parte dos bancos, fintechs e empresas de serviços financeiros. Além disso, as transações por PIX são criptografadas de ponta a ponta, o que quer dizer que é uma transação com uma série de dados codificados, que não poderão ser lidos em caso de interceptação. Os dados do cliente não ficam disponíveis para outros usuários ao longo do caminho.

Mesmo assim, fique atento e tome alguns cuidados para não ser vítima de tentativas de golpes, tá? Vale lembrar:

• bancos, instituições financeiras e de pagamento nunca pedem seus dados pelo Whatsapp e redes sociais;

• também não enviam e-mails ou SMS com links para que as pessoas cliquem e se cadastrem;

• todo cadastro ou qualquer solicitação de dados é sempre feita dentro do ambiente da conta ou do aplicativo da instituição.

Muita informação, né? Mas eu tenho um vídeo no canal bem completo, com todos os detalhes, que com certeza vai tirar todas as dúvidas que você ainda tiver.

INTERNET BANKING, APLICATIVOS E BANCOS DIGITAIS

Outra forma de economizar dinheiro com operações bancárias é realizar algumas tarefas pela internet ou aplicativo: consultar o extrato da conta ou as movimentações do cartão de crédito, pagar boletos e até transferir dinheiro. Muita gente acha que precisa ir ao banco para fazer isso, então acaba gastando tempo e passagem de transporte à toa.

Todos os bancos têm sites e aplicativos de celular que permitem fazer operações. Ou seja, você pode fazer consultas e transações pelo computador ou pelo celular, sem pagar nada a mais por isso. Não precisa sair de casa nem enfrentar fila.

A internet revolucionou tanto o mundo bancário que, hoje em dia, existem os bancos digitais. Eles não têm agência física: são totalmente virtuais, e todas as operações são feitas por computador, celular e caixa eletrônico. A comunicação com os clientes é feita pela internet ou pelo telefone.

Existem bancos digitais com tarifa zero para a manutenção da conta e para a maior parte dos serviços, além de disponibilizarem transferências ilimitadas para qualquer banco, depósito por boleto e outras vantagens. Você pode pesquisar sobre essa opção, ver o que cada banco digital oferece e se essa modalidade se encaixa no seu perfil. Pode ser uma ótima forma de evitar gastos adicionais por serviços que você nem usa tanto.

Outra coisa que os bancos permitem fazer é investir seu dinheiro. Existem vários tipos de investimentos, várias formas de guardar dinheiro e obter rendimentos para realizar seus objetivos de curto, médio e longo prazo. Vamos falar mais sobre isso no próximo capítulo.

11. INVESTIMENTOS

A INFLAÇÃO NÃO SÓ AUMENTA OS PREÇOS NO MERCADO, ELA COME NOSSO DINHEIRO GUARDADO

A era do dinheiro embaixo do colchão acabou. Lembra do primeiro capítulo, em que falamos da história do dinheiro? A evolução trouxe também novas formas de guardar dinheiro e até mesmo de fazer com que ele renda.

Hoje em dia, guardar dinheiro de forma física ou na conta-corrente não vale a pena. Aquela quantia vai ficar parada e pode até se desvalorizar, já que o poder de compra do dinheiro diminui ao longo do tempo por causa da inflação. Você com certeza é capaz de pensar em algum produto que costumava comprar por um

> **Quando eu era criança, podia comprar muito mais doces com R$ 1,00.**

84 anos depois
Ainda bem que eu guardei a grana dos lanches. Kkkk

determinado preço há um ano e que hoje está mais caro, né?

Se você guarda uma nota de R$ 50,00 debaixo do colchão e pega de volta três anos depois, já não consegue comprar tanta coisa quanto na época em que guardou. Então a ideia é que o dinheiro que guardamos cresça com o tempo, no mínimo de acordo com a inflação. Que a gente guarde R$ 50,00 e, três anos depois, pegue de volta um valor maior, capaz de comprar as mesmas coisas do que antes ou até mais.

Ou seja, o ideal é guardar dinheiro de modo que, no futuro, possamos resgatar um valor maior do que aquele que aplicamos no início. E isso não é impossível, como muita gente pensa. O que vem à sua mente quando se depara com a palavra "investimento"?

OS MITOS DO INVESTIMENTO

Muitas vezes, pensamos que investir é coisa de quem tem muito dinheiro. Ou que, antes de dar o primeiro passo, precisamos saber tudo sobre cada tipo de investimento que existe e, depois, aplicar em todos. E isso tudo é muito complicado, né? Não dá para contar o tanto de gente que deixa de investir por achar que se trata de algo difícil ou que é feito para gente rica. Só que, na verdade, essas duas crenças estão erradas. 1) Não é preciso ser rico para investir. 2) Investir não é tão complicado. Você não precisa ser um expert em mercado financeiro para começar.

Você sabia que com R$ 30,00 já pode começar a investir no Tesouro Direto? Na poupança, pode começar com qualquer valor.

Mas existe também o outro lado da moeda: as pessoas que falam que investir é um jeito fácil e rápido de ganhar muito dinheiro. Se alguém já te disse algo assim, sinto muito, mas essa pessoa mentiu para você. Não existe investimento com uma rentabilidade enorme sem que você corra o risco de perder dinheiro. É importante saber disso para não cair em grandes furadas.

O jeito rápido e seguro de se ter dinheiro é trabalhando. Então, se você quer investir para ganhar dinheiro rápido, talvez o que realmente precise não seja investir, mas arrumar um novo emprego ou alguma renda extra.

Enfim, existem muitos mitos sobre investimentos. Então a primeira pergunta que faço é: você sabe o que realmente significa investir?

TIPOS DE INVESTIMENTO

Investir é realizar uma aplicação do seu dinheiro com objetivo de ter um montante maior no futuro, obtendo uma rentabilidade positiva. Costumamos dizer que o dinheiro investido trabalha para a gente. Ele rende juros e, com o tempo, aumenta em relação ao valor inicial que aplicamos. Esse aumento varia de acordo com o tipo de investimento. Pode ser de 3% ao ano, de 14% ao mês, depende. Mas o que você precisa saber é que, quanto maior é a rentabilidade, maior é o risco.

Existem vários tipos de investimentos financeiros, mas, basicamente, eles se dividem entre dois grupos:

Renda fixa
Os investimentos em renda fixa são os mais seguros. Você aplica seu dinheiro e, como o nome diz, ele rende a uma taxa fixa. É uma forma de guardar seu dinheiro sem riscos. A rentabilidade desses investimentos costuma ser mais baixa. Exemplos são a poupança, o Tesouro Direto e os CDBs.

Renda variável
Os investimentos em renda variável têm um retorno financeiro maior, mas são mais arriscados. Nada impede que você invista e acabe perdendo dinheiro. Quem faz esse tipo de investimento precisa monitorar com atenção as altas e quedas de valor dos títulos em que aplicou dinheiro. Um exemplo são os fundos imobiliários e as ações de empresas.

Outra coisa a ser levada em conta é a liquidez e o tempo de maturação do investimento. Ou seja, em quanto tempo você pode resgatar seu dinheiro e quanto tempo ele demora para ter rentabilidade. Na poupança, por exemplo, você pode resgatar quando quiser, mas precisa esperar um mês para que ele renda alguma coisa (é aquele famoso "aniversário").

Existem desde investimentos em que seu dinheiro rende um pouquinho todo dia e você pode resgatar quando quiser, até aqueles em que você precisa esperar anos para resgatar seu dinheiro com os rendimentos maiores.

Pensando em todas essas características, chegou a hora de dizer qual é o melhor investimento? Não! Porque isso não existe.

A carteira de investimentos é algo muito pessoal. É difícil fazer uma sugestão universal, porque cada pessoa tem seus objetivos na hora de investir e uma maneira específica de olhar o mundo a curto, médio e longo prazo. Além disso, depende de quanto a pessoa pode aplicar, porque a acessibilidade dos investimentos varia. Alguns exigem um valor mínimo muito alto, enquanto outros permitem aplicações em valores mais baixos.

Um jeito de decidir a melhor maneira de investir é pensar em por que você quer guardar seu dinheiro. Qual é o seu objetivo? Viagem? Intercâmbio? Casa própria? Se você ainda não pensou nisso, pense agora. É alguma das metas que você definiu nos capítulos anteriores?

> **O que é melhor para mim pode ser diferente do que é melhor para você, que pode ser diferente do que é melhor para seus amigos.**

É essencial compreender o que se quer. Assim, você consegue ajustar seus investimentos ao tempo que tem para alcançar seus objetivos, considerando o período de liquidez e maturação. Você pode anotar tudo isso em um caderninho ou fazer uma planilha que o ajude a se organizar.

Para meus planejamentos, eu gosto de pensar no tempo dos meus objetivos da seguinte forma:

- curto prazo: algo que vai ser realizado daqui a 6 meses até 1 ano;
- médio prazo: de 2 a 3 anos;
- longo prazo: de 4 anos em diante.

Certamente, você vai precisar aplicar seu dinheiro em investimentos diferentes para várias situações, cada um com um prazo. Por exemplo, de um lado, uma viagem que você quer fazer daqui a 8 meses, e, de outro, uma reserva para sua aposentadoria.

Outra coisa essencial é entender minimamente qual é o seu perfil de investidor.

Uma vez que você entende qual é o seu perfil, vai saber que tipo de conteúdo procurar na hora de aprender sobre os investimentos e de começar a aplicar. Se você tem, digamos, um perfil conservador, não quer perder dinheiro de jeito nenhum, então pode pesquisar e conhecer investimentos em renda fixa e já começar a investir. Não precisa esperar se tornar um expert em ações ou outros investimentos em renda variável que, na verdade, nem são o que você procura no momento.

Podemos resumir os perfis gerais de investidor em três categorias:

1. Conservador. É aquele que busca uma rentabilidade, ou seja, um retorno financeiro sobre o dinheiro aplicado, mas que não quer arriscar perder dinheiro.

2. Moderado. Esse perfil se arrisca um pouco visando a uma rentabilidade maior, mas equilibra isso com os investimentos conservadores.

3. Agressivo. É aquele que escolhe investimentos arriscados, como ações, e está disposto a perder um pouco de dinheiro em busca de uma rentabilidade maior.

Resumindo: antes de investir, entenda bem seu objetivo com aquele investimento e se esse objetivo é de curto, médio ou longo prazo. Assim, você vai saber melhor como se organizar. Uma vez definidos seu perfil e a característica do seu objetivo, procure conteúdo e estude. E a dica mais importante que eu tenho a oferecer para você começar a investir é... começar. Não tenha medo, não ache que aquilo precisa necessariamente ser supercomplicado e acredite que qualquer pessoa pode investir, e não somente as ricas.

12.
E POR FIM...

Se você chegou até aqui, já estou feliz demais! Sabe por quê? Você não desistiu. Ficou comigo até o final para ver o que eu tinha a compartilhar sobre esses temas que, infelizmente, não foram ensinados para a gente na escola.

Estou emocionada escrevendo essa despedida, que também é um agradecimento. À minha família, a Deus e a você. Este livro se tornou realidade graças a você que acompanha o meu trabalho que começou na internet, ou a você que acabou de me conhecer através destas páginas. Se hoje o livro está nas mãos de várias pessoas por todo o Brasil, e se eu posso manter a produção de conteúdo on-line sobre finanças, é por conta de vocês que estão do meu lado. Obrigada, eu amo vocês!

Quem diria que uma garota de Nova Iguaçu alcançaria todo o Brasil falando de finanças pessoais? Esse é um tema que amo e fico muito feliz de poder compartilhar com tanta gente, principalmente depois de já ter sido subestimada tantas vezes. Então te agradeço por acreditar no meu trabalho de espalhar a educação financeira de forma divertida, didática, com linguagem acessível e sem discursos meritocráticos. Obrigada por acreditar na democratização do acesso a essas informações.

Também quero agradecer àqueles meus seguidores que sempre estão comigo nas *lives* que faço toda sexta-feira no Instagram. Vocês me apoiaram demais com este livro. E um obrigada especial às 53 pessoas que estiveram comigo conversando sobre o livro e me ajudaram principalmente com ideias bem legais para o título e o subtítulo. Vocês são incríveis!

Se puder, compartilhe as dicas deste livro com seus amigos e sua família. E não se esqueça: se te chamarem de mão de vaca ou pão-duro, responda apenas:

> **Finanças REAIS para pessoas REAIS.**

> **Meu amor, eu sou econômica, organizada e planejada!**

Enfim, espero ter conseguido passar boa parte do que aprendi. Digo e repito que a educação financeira emancipa pessoas, transforma vidas e famílias. Conte comigo para espalhar amor e finanças por aí!

Beijinhos e tchau <3

IMAGEM QUE TRAZ PAZ

```
┌─────────────────────────────────┐
│ serasa                  - ☐ x   │
├─────────────────────────────────┤
│                                 │
│    Você não tem nenhuma         │
│    dívida no seu nome.          │
│                                 │
│         ┌─────────┐             │
│         │   OK    │             │
│         └─────────┘             │
└─────────────────────────────────┘
```

13.
APÊNDICE

Todo o material deste apêndice — tabelas, listas e planilhas —, assim como as redes da Nath Finanças e os links para os vídeos específicos citados no livro, você encontra em intrinseca.com.br/nathfinancas. Lá você também vai poder baixar memes, figurinhas e wallpapers! Com este QR code você vai direto para o site.

TABELAS, LISTAS E PLANILHAS

ORGANIZAÇÃO FINANCEIRA MENSAL

No vídeo "Controle Seu Dinheiro Com Uma Planilha" no meu canal, eu compartilho um link para uma planilha de organização mensal. Existem também alguns aplicativos para celular que podem te ajudar nessa tarefa. As tabelas a seguir, criadas a partir da que eu mostrei no vídeo, já estão preenchidas, como exemplo. Simulamos a realidade de uma mulher solteira, que mora de aluguel, sozinha, com salário de R$ 2.500,00. Mas você pode baixar essa planilha em branco, imprimir, adicionar ou remover itens, de forma que se encaixe na sua realidade.

Em **Receitas**, complete com todos os valores que você recebe mensalmente. Se você for autônomo, adapte a tabela à sua realidade, inserindo mais linhas

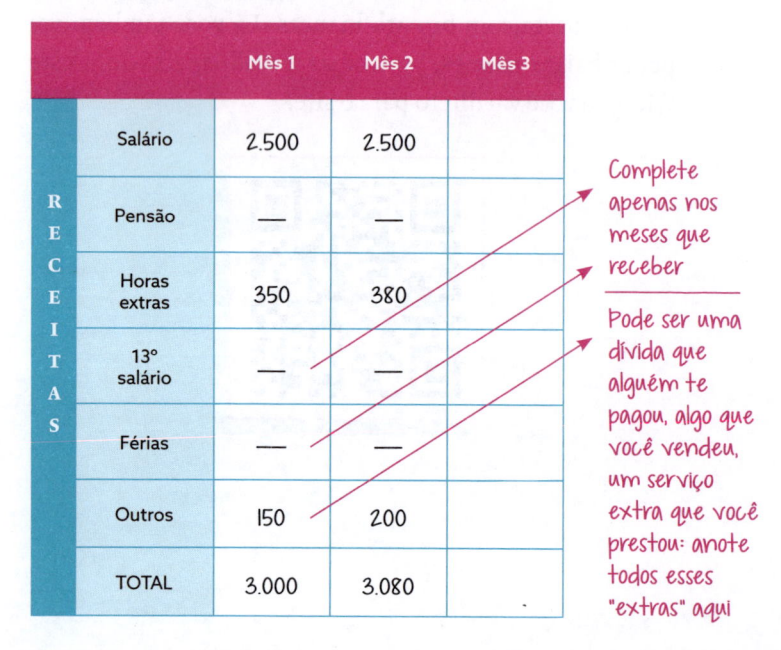

		Mês 1	Mês 2	Mês 3
R E C E I T A S	Salário	2.500	2.500	
	Pensão	—	—	
	Horas extras	350	380	
	13º salário	—	—	
	Férias	—	—	
	Outros	150	200	
	TOTAL	3.000	3.080	

Complete apenas nos meses que receber

Pode ser uma dívida que alguém te pagou, algo que você vendeu, um serviço extra que você prestou: anote todos esses "extras" aqui

Em **Investimentos**, complete com os valores que destina a seus investimentos e economias

		Mês 1	Mês 2	Mês 3
I N V E S T I M E N T O S	Ações	—	—	
	Tesouro Direto	100	—	
	Renda fixa	120	80	
	Previdência privada	60	60	
	Outros	—	—	
	TOTAL	280	140	

Preencha apenas nos meses que você fizer o "aporte", ou seja, que você colocar dinheiro neste investimento

Em **Despesas fixas**, insira os gastos que costumam ter os mesmos valores todos os meses e que devem ser pagos prioritariamente

			Mês 1	Mês 2	Mês 3
DESPESAS FIXAS	Habitação	Aluguel	800	800	
		Condomínio	100	100	
		Prestação da casa	—	—	
		Seguro da casa	—	—	
		Diarista	—	—	
		Mensalista	—	—	
	Transporte	Prestação do carro	—	—	
		Seguro do carro	—	—	
		Estacionamento	—	—	
	Saúde	Seguro-saúde	—	—	
		Plano de saúde	80,90	80,90	
	Educação	Colégio	—	—	
		Faculdade	—	—	
		Curso	90	90	
	Impostos	IPTU	—	—	
		IPVA	—	—	
	Outros	Empréstimo	—	—	
	TOTAL		1.070,90	1.070,90	

Em **Despesas variáveis**, insira os gastos que variam mês a mês. Procure lembrar e anotar todos eles. Em geral, é possível fazer economia em alguns desses itens

			Mês 1	Mês 2	Mês 3
DESPESAS VARIÁVEIS	Habitação	Luz	77	71	
		Água	23	25	
		Celular	50	50	
		Gás	51	49	
		Mensalidade TV	32,90	32,90	
		Internet	75,90	75,90	
	Transporte	Metrô	20	30	
		Ônibus	162	162	
		Transporte por app	—	25,48	
		Combustível	—	—	
		Estacionamento	—	—	
	Alimentação	Supermercado	356	342	
		Feira	48	52	
		Padaria	41	38	
	Saúde	Medicamentos	32	54	
	Cuidados pessoais	Cabeleireiro	—	50	
		Manicure	35	—	
		Academia	79,90	79,90	
	TOTAL		1.083,70	1.137,18	

> Some os valores do serviço de TV a cabo e dos serviços de streaming

> Some todas as idas ao mercado, padaria e feira

Em **Despesas extras**, complete com gastos extraordinários, como médicos e material escolar, que não são pagos todos os meses, mas para os quais devemos estar preparados e ter sempre uma reserva financeira

			Mês 1	Mês 2	Mês 3
DESPESAS EXTRAS	Saúde	Médico	—	—	
		Dentista	—	120	
		Hospital	—	—	
	Manutenção/ prevenção	Carro	—	—	
		Casa	45	—	
	Educação	Material escolar	—	—	
		Uniforme	—	—	
	TOTAL		45	120	

Aqui você insere o conserto de algo ou a montagem de um móvel, por exemplo

Em **Despesas adicionais**, estão os custos de compras e serviços nos quais devemos sempre prestar atenção, sobretudo se a meta é economizar

			Mês 1	Mês 2	Mês 3
DESPESAS ADICIONAIS	Lazer	Viagens	—	—	
		Cinema/teatro	15		
		Restaurantes/bares	123		
	Vestuário	Roupas	—	59,90	
		Calçados	—	—	
		Acessórios	—	—	
	Outros	Presentes	—	25,90	
		Fatura do cartão de crédito	124	154	
	TOTAL		262	239,80	

Crie linhas para inserir outras despesas que você tiver

Em **Saldo**, você completa com os valores totais de todas as outras tabelas e faz um balanço, ou seja, soma as despesas totais (em roxo) e diminui das receitas. No nosso exemplo, o balanço é positivo. Isto é, as despesas têm um valor menor do que as receitas. Dessa forma sobra um dinheiro que pode ser destinado a algum investimento ou a alguma compra ou serviço planejado no mês seguinte

		Mês 1	Mês 2	Mês 3
S A L D O	Receita	3.000	3.080	
	Investimentos	280	140	
	Despesas fixas	1.070,90	1.070,90	
	Despesas variáveis	1.083,70	1.137,18	
	Despesas extras	45	120	
	Despesas adicionais	262	239,80	
	Balanço	258,40	372,12	

ORGANIZAR SUAS DÍVIDAS

Como conversamos no capítulo 9, é importante encarar o problema para então enfrentá-lo. Comece listando todas as suas dívidas, para então encaixar as parcelas no seu planejamento mensal. Logo você se verá livre de todas elas. Nesta tabela — que você pode baixar em branco no site —, veja um exemplo de como deve ser preenchida.

	Credor	Valor da parcela	N° de parcelas	Juros ao mês	Valor inicial da dívida	Pode esperar?
1.	Banco A	R$ 68,80	46	5,88%	R$ 3.164,80	Não
2.	Banco B	R$ 41,60	12	3,61%	R$ 499,20	Não
3.	Cartão C	R$ 153,20	24	15,90%	R$ 3.676,80	Não
4.	Cartão D	R$ 394,20	6	18,28%	R$ 2.365,20	Não
5.	Loja E	R$ 23,15	12	9,38%	R$ 277,80	Não
6.	Parente F	R$ 69,44	36	1%	R$ 2.499,84	Sim
7.	Amigo G	R$ 150	3	0%	R$ 450	Sim
8.						
9.						
10.						

ONDE DÁ PARA ECONOMIZAR?

Essa é uma lista importante. Nem sempre nós percebemos os pequenos gastos que podem ser cortados. Avalie esse modelo de lista, imprima, ou adapte e faça a sua própria lista!

	SIM	NÃO
Aluguel		
Luz		
Água		
Gás		
Estacionamento		
Metrô		
Ônibus		
Combustível		
Supermercado		
Feira		
Padaria		
Telefone Celular		
TV a cabo/Streaming		
Cabeleireiro		
Manicure		
Esteticista		
Academia		
Clube		
Viagens		
Cinema/teatro		
Restaurantes/bares		
Roupas		
Calçados		
Acessórios		
Presentes		

SITES ÚTEIS

Não hesite em procurar uma agência reguladora, o SAC do seu banco e os Procons de seu estado ou município sempre que tiver um problema com a empresa fornecedora de energia elétrica, plano de saúde, a companhia de celular ou alguma compra on-line, por exemplo. Aqui uma pequena lista com sites que podem ser úteis.

ANATEL (Agência Nacional de Telecomunicações) - anatel.gov.br

ANEEL (Agência Nacional de Energia Elétrica) - aneel.gov.br

ANS (Agência Nacional de Saúde Suplementar) - ans.gov.br

ANVISA (Agência Nacional de Vigilância Sanitária) - gov.br/anvisa/pt-br

Banco Central do Brasil - www.bcb.gov.br

Consumidor.gov.br (neste site você encontra uma lista de Procons estaduais e municipais) - consumidor.gov.br/

Portal da Legislação - planalto.gov.br

Serasa - serasa.com.br

RECEITAS:
SALÁRIO   R$1.200

DESPESAS:

AQUI NÃO CABE! →

ALUGUEL
condomínio
Passagem
Ração dog
Coleira nova
Plano de saúde
Pizza da sexta
IPTU
CURSO

REFERÊNCIAS

DUHIGG, Charles. *O poder do hábito: Por que fazemos o que fazemos na vida e nos negócios.* Rio de Janeiro: Objetiva, 1. ed. 2012.

HUBERMAN, Leo. *A história da riqueza do homem: Do feudalismo ao século XXI.* Rio de Janeiro: LTC, 22. ed., 2017.

KRAWULSKI, Edite. *A orientação profissional e o significado do trabalho.* Rev. ABOP, Porto Alegre, v. 2, n. 1, pp. 5-19, 1998.

VIEIRA, João Pedro. *A história do dinheiro.* Lisboa: Academia das Ciências de Lisboa, 2017.

GLOSSÁRIO

Nath, eu não entendo o que são todas essas palavras que as pessoas usam quando falam de investimentos, taxas, dinheiro, finanças em geral. Muitas vezes, ouvimos sobre isso na TV e não sabemos o que cada coisa significa. Você pode até mesmo ter ficado em dúvida sobre algum termo que usei no livro.

Por isso, aqui no final expliquei algumas palavras e siglas que geralmente usamos no mundo das finanças. Espero que te ajude a mergulhar com mais confiança nesse mar. Aliás, espero que o livro todo tenha te ajudado nisso e que você possa melhorar cada vez mais sua relação com o dinheiro.

Acessibilidade: O investimento inicial para aplicações.
Aplicação: Colocar alguma coisa sobre outra; sobreposição. No mundo financeiro, aplicar é colocar dinheiro em algum investimento.
Bolsa de valores: Mercado de compra e venda de ações, em que as pessoas e empresas podem negociar títulos de renda variável.
Capital: Dinheiro.
COPOM: Comitê de Política Monetária. Órgão federal vinculado ao Banco Central do Brasil. A cada 45 dias, aproximadamente, o COPOM faz reuniões na expectativa de regular a economia, mantendo nos trilhos a inflação e o fluxo de moedas. É fundamental no mercado dos investimentos, principalmente nos de renda fixa.
Economia: Ciência que estuda os processos de produção, distribuição, acumulação e consumo de bens materiais.
FGC: Fundo Garantidor de Crédito; instituição privada que visa proteger os investidores contra o risco de crédito existente nas instituições financeiras.

Inflação: Aumento persistente e generalizado do preço de uma cesta de produtos em um país ou região durante um período definido.
Investir: Realizar uma aplicação do seu dinheiro com o objetivo de ter um retorno no futuro.
IOF: Imposto sobre Operações Financeiras; imposto federal que aparece várias vezes na sua vida: quando usa o cartão de crédito e o cheque especial, quando parcela uma compra com juros ou faz um financiamento, quando realiza operações com moedas estrangeiras, entre outras situações. Esse imposto também é cobrado em alguns investimentos.
IPCA: Índice oficial de inflação do Brasil, calculado pelo IBGE (Instituto Brasileiro de Geografia e Estatística). Quanto maior for a variação do IPCA em um período, menor será o poder de compra do brasileiro.
Liquidar: Resgatar o dinheiro.
Poupança: Parte da renda que é reservada, guardada, e que não está destinada ao consumo.
Poupar: Guardar, economizar, não desperdiçar.
Prazo de maturação: Tempo (meses/anos) que se deve aguardar para que um investimento tenha rentabilidade.
Renda fixa: Forma de remuneração ou de cálculo que pode ser previamente definida no momento da aplicação, ou seja, você consegue saber qual será a rentabilidade sobre o seu investimento através das taxas preestabelecidas.
Renda variável: Forma de investimento em que não há como saber previamente qual será a rentabilidade que poderá obter.
Rentabilidade: Quanto você ganha sobre o que aplica.
Risco: Chance de perda do dinheiro investido.
Segurança: O contrário de "risco".
Taxa CDI: Certificado de Depósito Interbancário; taxa que lastreia as operações interbancárias (entre bancos). Os

bancos costumam pegar dinheiro emprestado de outros, para manterem seus caixas com saldo positivo. Esses empréstimos têm prazo para devolução de 24 horas. A taxa cobrada entre os bancos regula o mercado de renda fixa e de fundos de investimentos de renda fixa.

Taxa Selic: Taxa-mãe da economia, a taxa de juros básica que modula muitas outras taxas do mercado, como os juros do cartão de crédito e, principalmente, os investimentos de renda fixa.

/nathfinancas

@NathFinancas

@nathfinancas

intrinseca.com.br
@intrinseca
editoraintrinseca
@intrinseca

1ª edição	JANEIRO DE 2021
reimpressão	MARÇO DE 2021
impressão	LIS GRÁFICA
papel de miolo	CHAMBRIL BOOK 75G/M²
papel de capa	CARTÃO SUPREMO ALTA ALVURA 250G/M²
tipografia	ADOBE CASLON